# 至尊至宝

——玉树州牦牛文化产业高峰论坛文集

主编　才　扎

青海人民出版社

## 图书在版编目（CIP）数据

至尊至宝：玉树州牦牛文化产业高峰论坛文集 / 才
扎主编 . —— 西宁：青海人民出版社，2020.12
ISBN 978-7-225-06103-0

Ⅰ.①至… Ⅱ.①才… Ⅲ.①牦牛－地方文化－文化
产业－玉树藏族自治州－文集 Ⅳ.① G127.442-53

中国版本图书馆 CIP 数据核字（2020）第 249807 号

责任编辑　梁建强　崔　茜　央金拉姆
责任校对　田梅秀
责任印制　刘　倩　卡杰当周
装帧设计　杨敬华
封面藏文题写　扎　尕

## 至尊至宝
——玉树州牦牛文化产业高峰论坛文集

才扎　主编

出 版 人　樊原成
出版发行　青海人民出版社有限责任公司
　　　　　西宁市五四西路 71 号　邮政编码：810023　电话：（0971）6143426（总编室）
发行热线　（0971）6143516 / 6137730
网　　址　http://www.qhrmcbs.com
印　　刷　青海新宏铭印业有限公司
经　　销　新华书店
开　　本　710 mm × 1020 mm 1/16
印　　张　14.5
字　　数　300 千
版　　次　2021 年 3 月第 1 版　2021 年 3 月第 1 次印刷
书　　号　ISBN 978-7-225-06103-0
定　　价　108.00 元

——谨以此书献给所有热爱牦牛文化、钟情牦牛事业、铭记牦牛恩情的人们。

藏族画家昂桑创作的这幅《藏人》，以抽象艺术的形式，诠释了班禅大师所说的"没有牦牛就没有藏族"，反映了牦牛与藏族不可分割的联系。

才扎,男,藏族,1973 年出生,青海治多人,现供职于玉树州农牧和科技局。多年从事公文撰写工作, 参与编纂了《治多人大志》《冰雪前行》等内部书刊。

参与本书的部分创编人员
（右起依次为梅卓、尼玛才仁、东珠瑙布、才仁扎西、才扎）

# 序　言

　　至尊至宝，藏语为"雍拉雍诺"，意为祥瑞神圣之宝，是藏人对牦牛的尊称。《至尊至宝》是由玉树州农牧和科技局策划编纂的一本专写牦牛的书，起初的内容源自每年一届的玉树州优良种公牛评比暨牦牛文化产业高峰论坛活动，该活动从 2014 年开始已经连续举办了七届，先后编印内部刊物三部，深得读者喜爱和好评。

　　2020 年在嘎域称多举办了玉树州第七届优良种公牛评比暨牦牛文化产业高峰论坛、第二届农牧民丰收节，《至尊至宝》作为活动成果正式出版。主要内容分为四个章节，收录了名家名作，展现牦牛文化。此书在策划、编辑过程中，得到了很多知名专家、学者的鼎力支持和优秀人士、智慧牧人的全力配合，给这本书赋予了能量，让这本书拥有了灵魂，更加具备了真实性、可读性和鉴赏性。

　　此书中，我们收录了中国藏学专家丹珠昂奔、中国藏族高原研究会中华全国环保联合会常务理事洛桑·灵智多杰、知名作家丹增、中国《格萨尔》研究中心主任降边嘉措、西藏牦牛博物馆馆长吴雨初、青海省作家协会主席梅卓、兰州大学博士研究生导师宗喀·漾正冈布、著名环保人士哈希·扎西多杰、玉树文化名人文扎等专家学者的著作，撰写了十余名智慧牧人的传奇故事和经历，再现了牦牛的前世今生，憧憬了草原命脉的美好未来。

ཁྱི་ར་དཀར་ཁོ་འབོད་ཕྱུགས་སྐྱོང་དཀར་པོ་ཡིན། ཞལ་དཀར་བཟང་ཆེན་གྱི་དགའ་ཁྱད་འཆང་བྱེད་ལ། སྤྱོད་དཀར་རྫས་ཕྱུང་ལའི་འཕེལ་བོ་ཡིན། འཛིན་དཀར་པར་དང་དཀར་ཆུག་འཛས་གྲུལ་འཕགས་དཀར་པོ་འབའ་ལ།

邦琼寺活佛昂卡江才为祈福农牧产业兴旺而特意设计制作的朵吉（ དཀར་བརྒྱད ）哈达

# 牦牛赞

八思巴·洛周坚赞

腾云驾雾行空间

鼻孔嘴中喷黑云

舌头摆动如电击

吼声如雷传四方

蹄色犹如蓝宝石

双足撞击震大地

角尖舞动破山峰

双目炯炯如日月

犹如来往云端间

尾巴摇曳似树苗

随风甩散朵朵云

摆尾之声震四方

此物繁衍大雪域

四蹄物中最奇妙

调服内心能镇定

耐力超过四方众

无情敌人举刀时

心中应存怜悯意

# 高原牧人的福宝

修统者

圣者观世音菩萨
法与富足之天使
北方雪域之藏地
慈悲摄受业绩大

受舍之神白牦牛
高原精华野牦牛
生计靠山黑牦牛
事无内外之坐标

食物精品乳汁品
住锡之宫黑帐篷
熟食温暖靠牛粪
皆此源于牦牛恩

千里迢迢当坐骑
逐草迁移当雪舟
毛皮尽为当工具
血肉尽当生长力

家畜为富足来源
牦牛是牧人至宝
牦牛是牧人父母
牦牛是牧人之神

祖祖辈辈雪域人
不共富裕恩赐者
不二无私是牦牛
知恩知报尽知责

高原牧人有一宝
那是黑毛之牦牛
它是宝中之王矣
敬请大家掌中牢

　　在北沿嘉代三部落举行牦牛节之际，为了感恩雪山怙主即圣者观世音菩萨的福力下而得的高原牦牛，也是为了此地人丁兴旺、畜牧发达而由修统者亲自执笔，吉祥！

# 牦牛赋

才 芒

牦牛元祖是野牛
牦牛故乡在雪域
牦牛之地是玉树
牦牛之魂在高原

牦牛与草原结缘
牦牛与牧人相伴
牦牛供四季所需
牦牛聚祥瑞之福

牦牛吃的是牧草
牦牛喝的是清泉
牦牛挤的是鲜奶
牦牛养的是牧人

牦牛守护在高原
牦牛驮起藏文化
牦牛奉献其所有
牦牛养育藏民族

# 目录 CONTENTS

# 第三章　学者话牦牛

# 第四章　牧人谈牦牛

第一章　名家著耗牛

　　牦牛最早起源于两百多万年前的更新世，由分布在欧亚大陆东北部的原始牦牛逐渐演化而来。牦牛被驯化的历史长达一万年，藏族的先民在雅砻河谷、雅拉香波山脚下与牦牛结下了不解之缘，视白牦牛为神灵和图腾。在藏语中，牦牛被统称为"诺"，意思是宝，是财富的象征，藏族先民笃信有牦牛就有一切。牦牛养育了游牧民族，驮起了青藏文化。十世班禅额尔德尼确吉坚赞曾说"有牦牛的地方就有藏人"，说明了牦牛与藏族的关系密不可分。牧人、牦牛和草原是游牧文化的三部曲，共同谱写青藏高原"三生共赢"的乐章。

　　牦牛是青藏高原特有的物种，据史料记载，藏族先民驯养牦牛的历史长达 5000 年之久。牦牛随着气候的变化不断迁徙寻找最适合生存的环境，藏族先民随牦牛不停地移动，最终在人、草、畜之间寻找到了一个平衡的支点——游牧，牧人们开始了随季节而迁、逐水草而居的生活，创造了古老而多元的游牧文化。在漫长的征服自然、改造自然的过程中藏族先民过着敬畏自然而居无定所的游牧生活，世代繁衍、生生不息，成为最古老的游牧民族。

# 从图腾到精神

—— 藏族与牦牛

丹珠昂奔

图腾是那枚闪烁在历史深处的灯火，随着古老的传说，进入藏族生活、成为藏族"亲族"的历史渐行渐远，留下的是真切的民族记忆。进入现代社会后，伴随文明的进化与再造，我们从褪去神话外衣的青藏高原古老的生灵——牦牛身上同样可以领略到有益于今人的精神，而这个过渡是自然的、必然的，也是必须的。

## 一、缘起与生成

人类在青藏高原活动的时间有数万年之久。根据中国考古网 2017 年 3 月 14 日发布的考古发现，海拔 4 600 米的藏北尼阿木底遗址年代距今至少有 3 万年，这是西藏首次发掘的有年代学依据的旧石器时代遗址。当然，根据已有的一些资料和推论，或许这个时间还会提前（由于周边因素等，有人认为西藏可能在 5 万年前就有人类活动，甚至有人将这一时间推到了 25 万年前），但这

是个基础，没有人类就没有文明，青藏高原也如此。

早期的人类是随着食物行走的，哪儿有吃的就往哪儿去。固定居民的出现，或者说与藏族有关系的人群，即藏族先民的出现，也有数千年的历史，卡若、吉隆、曲贡村等遗址，羌塘、日土等岩画，还有不少的古歌和传说都是这方面的例证。整个青藏高原普遍分布着旧石器、中石器、新石器时代的遗址、遗物、遗存，且多与现今的藏族相关。藏族与牦牛的联系，史籍与文物均多有反映，包括不同文字的材料。

其一，藏族先民的出现及其驯养牦牛成功是青藏高原走向文明的重要阶梯。对于藏族来说，牦牛充当了三个角色：一是生活资料，既是食品、用品，又是商品（肉、奶、皮、角、尾等）；二是生产资料（驮运、耕种等）；三是相处的伙伴。这三个角色决定了藏族和牦牛之间的"两个离不开"。当然，主要是藏族离不开牦牛，牦牛作为自然物，没有人类，它照样存在。

先民从采食野果以充饥，到驯养动物、种植粮食，完成了从流浪到固定有规律生活的过渡，这是人类进步的重要环节之一。按现在的话说，固定一隅的生活，必须要有产业支撑，大概这是最早的产业之一，即"牦牛产业"。牦牛作为食物解决了人的生存问题，可以帮助生产，推动发展。人靠自己的能动性、智慧有效地利用了自然，丰富了自己，走向文明。文明是靠积累发展的。早期文明的萌芽，都在这些今人看来微不足道的方面。定居就需要住房，就要解决衣食行的问题，生产生活方式在改变，人们的行为在改变，尽管是细微的，人们的进步也在悄然进行。

其二，牦牛基本上是特定地区、特定范围的特殊动物，它与这里古老的主人——藏族及其故乡青藏高原融为一体。古人的一切都在围绕吃打转转。吃是活命的基础，自然也是存在和发展的基础。吃什么？吃牛。没有吃的就没法活，没了牛就没了命，牛就是命。当牦牛真正变成 nor，成为金钱、财富的代名词，大概已经产生了私有制，牛成为可以交换的商品，作为可以计算的"货币单位"，牛的作用和价值便如日中天，成了"硬通货"。

三是"蕃卡雅周"（bod-hka-gyag-drug），即所谓"六牦牛部"的出现，

是一个民族形成的核心因素的出现，具有重要的凝聚作用，也充分地说明雅砻王族是土生土长的。"土"在两个字，一是 bod，一是 gyag，都是正宗的青藏高原的"土特产"。外来的玩意儿，一般是不会被冠以这样的名称的。

为何这样说？其一，先民不是民族，而是民族的基础，是发育中的民族。民族形成有自身的逻辑规律。诚如马克思和恩格斯所讲，"民族是个历史范畴"，藏民族也在特殊的环境条件下兴起。

古今中外，都有这种现象，民族的形成都是在一个或几个，甚至多个部落联盟（邦国）的基础上形成。对于藏族来说，这既是一个简单的问题，也是一个复杂的问题，既是一个历史问题，也是一个现实问题。为什么说是简单的？我们常说，藏族的发祥地是雅砻河谷（山南琼结），主要是说，"六牦牛部"出现于该地，第一代赞普聂赤赞普出现于该地，其重要性在于聂赤赞普开启的是一个民族形成后稚嫩的脚步，雅砻王族登上历史舞台，一个叫"蕃"的民族便随着他前行的步伐闻名于世。

现在的一些民族的"形成"，有时经学者研究之后命名，或者由某些国家机关定名，而在民族形成之初，没有这一套东西，一切靠自身天然的发展，所以形成一个民族——这个人类社会的"类"是个极其艰难，也极其漫长的过程。就如同自然界的老虎、豹子、青稞、大麦这样一些动植物的出现，是在自然的黑夜和白昼中，在各种形式的侵扰中进化而来，弥足珍贵。也就是说，从母系氏族部落到父系氏族部落，从血亲部落到地缘部落，从部落联盟到民族的形成，人类承袭着祖先的印记，承袭着祖先在蒙昧时期的苦难中点滴的创造、思考、悟化，而成为生存之必需的语言、宗教、生产生活方式、文化，经历了几十万年、几万年、几千年的成长。因而，一个民族身上承载着无数珍贵的远古的信息，它们才是人类发展历史的活化石。随着民族消亡进程的加快，这些活化石的作用，也越来越凸现。

罗马不是一天建成的。经过雅砻河谷 40 多代赞普的努力，这个叫"蕃"的民族发展了。我在不少文章中强调了这一点。斯大林说民族形成要有四个要素，第一个要素是共同的地域（土地），第二个要素是共同的语言，第三个要

素是共同的经济生活，第四个要素是建立在共同文化之上的共同心理素质。显然，共同的地域是基础，没有共同的地域，就形成不了作为民族核心的，甚至是根本标志的语言，也就不可能形成以语言为载体、为核心的共同的文化、共同的心理素质。雅砻王族这一政治军事势力的重要贡献就是使"蕃"[①]有了一个共同的地域，在十万大山、十万江河——世界屋脊——青藏高原，使蒙昧中的藏民族呱呱落地，睁开了双眼。这是鹘提勃悉野家族对这个民族的历史性贡献，以后的经营发展，基本上都在这一范围进行。

安多人对戎哇、智华、蕃巴的含义和区别有着明确的解释。虽然，我在《藏族文化发展史》中，对"蕃"一词也进行了梳理，但有时候也想，将"蕃"这个词定位在这种本民族常用的生产生活形态上，或许更接近于本质。

为什么说这也是个复杂的问题？因为从历史发展的角度看，每一个具体的民族都不是单纯的，既存在种族、民族来源的复杂性，也存在发展过程中受他族姻亲影响和吸收他族成分的复杂性。因此，自然地存在着文化来源的复杂性。藏族来源的第一个复杂问题就是与羌的关系问题。我曾经说过不了解羌就说不清藏，实际上不了解羌藏也说不清汉。比如，藏与象雄的关系。象雄的巨大贡献在于此地产生了苯教，从历史发展的过程看，是苯教第一次统一了藏族先民的意识形态，使这个民族有了共同的信仰。从民族发展的一般性看，没有共同的意识形态，形成不了真正的民族。因为，有了共同的地域、共同的思想信仰，才有利于推进共同语言、共同文化的发展和共同心理素质的形成。发展的过程是变化的过程。在历史发展的进程中，藏民族选择、接受了藏传佛教，进而成为一个有高度统一的地域、高度统一的语言、高度统一的文化和高度统一的心理素质的民族。这个"高度"是以吐蕃王朝崩溃后一千年的存在历史为代价的，是长期积淀、不断夯实、反复锤炼，形成系统、全面、精密、细腻、厚实的宗教文化体系，进入宗教的生活化、生活的宗教化的必然结果。这些可能与高海拔这一屏障有关系，这是藏族文化形成的基础，进而言之，这也是形成世界"藏

---

① "蕃"这个词到今天也没有大家认可的解释，但是有一条是肯定的，自古至今，藏族人的自称始终是"蕃"。

学热""藏族文化热"的基础。藏族文化作为一个个性鲜明、富有特点的文化形态，受到了世人的广泛青睐。而在世界文明之林，藏族实际上已作为一个世界屋脊的文化符号、文化标志而存在。因为自然的高海拔特性、文化的高海拔特点，同样是独一无二的。假如说语言（包括后来形成的文字）是人类文明的第一道曙光，在马克思主义科学的世界观和方法论诞生之前，宗教是引导人们精神的第二道曙光——它以思想、理论、概念、规则、文明的系统化、体系化，极大地整合统一了人们的思想意识形态，即如马克思和恩格斯所说，以颠倒的世界观建立了丰富多彩的文明体系，给人类以精神引领、行为规范和人生理想。

为什么说这既是个历史问题，也是个现实问题？历史上没有搞清楚，或者说没有足够科学依据的成果，依然是问题；现实中许多问题同样没有搞清楚，也依然是问题。比如驯养牦牛，现在的牦牛都起源于西藏，它们都是距今 300 万年前生存并分布于欧亚大陆的原始牦牛的后代。野生牦牛和家养牦牛都由同一祖先繁衍而来。原来的诸多资料都在介绍，牦牛的驯化大概有四五千年的历史，认为在两三千年前牦牛已作为运输工具在使用，而随着科学研究手段的增强，资料的丰富和科学检测方式的多样，进一步考证认为牦牛的驯养已经经过了一万年左右的时间。"有藏族的地方就有牦牛，普遍认为是藏族驯化了牦牛。"这不仅是藏族人的一般感受，也是不争的事实。自然学科和人文学科都反映了不少类似问题。我们并没有对牦牛花巨力去研究，以求综合的多方面的突破。

其二，牦牛有适应自然环境的问题，藏族也有适应自然环境的问题。这个环境便是人和牦牛这两类不同的动物成为高原主人的根本原因。适应，就是让环境接受你，并丢掉环境不接受的东西。换言之，你要为了适应改变自己——按照达尔文进化论的观点，动物和植物都经历了这样的过程。自然，我们所说的青藏高原的两个伟大的动物——人和牦牛都经历了这个过程，或许这个经历是不自知的，或许这个经历是痛苦的，我们不得而知，但是，他（它）们生存了下来，且经过了数万年，甚至更长的岁月，成了青藏高原最早的开拓者，成了这块土地的主人。所以牦牛与藏族结下了生死之缘，成为图腾。

## 二、拓展提升认识

我想牦牛问题主要涉及三个基本问题：

一是历史以来，牦牛对藏族物质生活及其物质财富的丰富。经济生产中的"牦牛单元"问题，对于藏族社会来说仍然是重要问题。虽然，它的地位不如在先民时期和早期社会那么重要，但我们还需要抱着这条老牛腿，至少目前还没有到扔掉这条老牛腿的时候。藏族社会的经济类型一直以来是相对单一的，主要是农牧经济。所谓的牧业，就是养牛养羊。羊有山羊、绵羊，主要是绵羊；牛有牦牛、黄牛，主要是牦牛。青藏高原的"牦牛产业"是个古老的产业，至少搞了4 000年。像牛乳、牛肉、牛毛、牛皮等在藏族人祖祖辈辈的生活中发挥了巨大的作用，养活着这个民族。围绕牦牛可以形成若干的产业链。我们的牦牛产业运行模式太古老、太陈旧，且重在自给自足，还未占有足够的市场。现在的问题是如何提质升级，高质量发展，抓住道路相对通畅、电商兴起的智能社会带来的重要机遇，切实推进这一工作。世界最后的"净土"就是最大的资源，来自"净土"的牦牛家族的高质量的肉、奶、酪等必然会成为人们餐桌上的诱惑。现在的问题是如何加大科学研究、系统研究力度，针对问题，找到系统解决问题的方式方法。

在牦牛问题上，有三个基础是可以叫响的：一是青藏高原是牦牛的原产地；二是藏族是牦牛的驯化者、驯养者；三是对牦牛的冠名采用了藏语"gyag"（雅），这一点在英语、俄语等语言中都是统一的。藉此，历史以来有众多的物质产品，为将来的发展积累了经验，打下了基础。同时，我们也应该深刻认识到，尽管我们现在拥有相对丰富的物质产品，但是，作为本地区、本民族独有的产品，除了牦牛，或许还找不到更有分量的产品，尤其是在养殖业。

二是历史以来，牦牛对藏族精神生活及其精神世界的丰富。一代代藏族人的生活必然伴随着养牦牛、喝牛奶、吃牛肉，用牛驮运行李、使用牛毛牛皮。故而，藏族的生活离不开牦牛。这种生活持续了几千年。一个藏族人的一生中必然与

牦牛有深刻交际，且贯穿于一生。

对于牦牛有不少讨论。我放过牦牛，也有自己的观感。牦牛有性情驯顺、温和的一面，也有性情暴烈的一面；有勇敢无畏、吃苦耐劳、负重而行、不畏严寒的一面，也有自由散漫、不服管教、不知变通、死熬死抗的一面。大概早期的人类都经历了"道法自然"的过程，藏族人身上的一些品质也体现了"牦牛精神"。作为文化符号和图腾崇拜，牦牛进入藏族精神领域的时间、产生的影响，还没有得到足够的研究和整理。这方面，有几个故事，可以一提，供大家研究时参考。一是玛桑的故事，一是茹拉杰出生的故事，一是"斯巴塔义"。这三个故事都与牦牛有关系，都反映了不同的社会文化形态。

玛桑的故事中说，一个男人和一头母牦牛结合生下玛桑，他是一个长着牛头的人。魔鬼变成头上多长一只眼的黑牦牛，玛桑用神授的秘诀，用铁箭射入魔鬼多长的那只眼。这个故事明显带着二元论的思想，其历史也不会太长，因为其中涉及了铁箭。铁出现于青铜之后，因而铁箭也必然出现于青铜时代之后。人与动物相结合产生人，这是世界民族早期神话中较为普遍存在的故事，它曲折地反映了一个民族对自身、社会及自然的认识，与猕猴变人故事等同属一类。

苯教产生后，融合已有文化成果，就有了两种牦牛形象：一种是以白牦牛为主的神的形象，并在藏族文化史上扮演了重要的角色；一种是以黑牦牛为主的魔的形象，它没有白牦牛那么引人注目，不可能早于神牛崇拜出现，牦牛形象的进一步丰富，给了牦牛文化更活跃、更强大的生命力。显然，此类作品大多是苯教产生前，或者是藏民族形成前的邦国、部落联盟中流传的作品。藏族早期神话的多类型就反映了这种现象。因为，作为藏民族来源的重要部分，除了雅砻王族，还有作为邦国类型存在的象雄、苏毗、白兰、党项、西山八国、多弥、嘉绒等。这些邦国既与羌有着极为深刻的关系，也有独立成长的漫长历史。随着吐蕃王国的兴起，他们自然地融入吐蕃。然而，一些独有的风俗、生活和神祇信仰等也曲折地保存了下来。有些被汉籍中统称羌的邦国、部族甚至民族，不一定就是我们在历史上认为的羌，更不是现在认定的羌。

《西藏王统世系明鉴》记载了止贡赞普与臣下罗阿达孜争斗的故事，罗阿用计害死赞普，被奴役的王妃在山上牧马时梦见与雅拉香波山神变的白人媾合，醒后见一白牦牛自身边离去，王妃有妊，诞一血团，置于牛角，此便是茹拉杰（角生）。实际上，这个神话反映的问题更为复杂，一是与神合，一是白牦牛，一是血团，一是牦牛角。将早期观念中一个强人——神之子、吉祥白牦牛守护、神奇的血团、牛角中出生，均表达得出神入化，赋予神奇色彩。

这个故事也告诉我们，白色崇拜在佛教传入前就已存在。因而白牦牛崇拜同样十分古老。莲花生在西藏首先降伏的是白牦牛神（地方神祇），使之成为藏传佛教的护法神。也可以说，佛教传入前，藏族的精神领域已经较丰富地承载了牦牛的符号，并与其他的文化符号复合，形成自己的系统。比如牦牛与白人的复合，山神与牦牛的复合等。而像野牦牛、牦牛等名称在涉藏涉羌的地域普遍存在。如甘肃的古浪县的"古浪"、天祝县的庄浪河之"庄浪"，均为野牛沟之意。

想象的原始问询的儿歌形式是"斯巴塔义"的特点，既有鲜明的原始的因子，也经过了佛教徒充分加工，充满了佛教的内容。

所以，牦牛在藏族的精神世界是随着不同的历史阶段（时代）进入的，因而自然地要携带不同时代、不同地域的文化观念，但它始终是藏族生活风俗的一部分，是藏族精神世界的一部分。存在决定意识，我们很难说牦牛在藏族精神领域到底占有多大分量，但毫无疑问，在藏族的生活及其精神领域，牦牛始终是鲜活的。

三是从牦牛图腾到牦牛精神，这一过渡，成为现实的精神价值。牦牛是藏民族最古老的朋友，牦牛精神同样有着重要的现实意义。作为"朋友"，这个关系不断，这个情感自然不断，牦牛图腾还活在青藏高原这个民族的历史记忆中，活跃在无数作品（典籍）中。关键是这个朋友还要继续做下去。牦牛与这个民族不仅仅是食物链的关系，作为统治与役使的关系，而切实地存在着建立在物质基础之上的人文关系。人的依赖和情感投入自然地要形成诸多的文化因素，换言之，人是理性的动物，同样也是有感情的动物，人由于多种因素，可

以寄情于器物，怎么不可能寄情于动物呢？

不管你同意不同意、满意不满意，牦牛这个戳子已深深地盖在了藏族身上，而且是藏族自己盖上去的。《后汉书》、新旧唐书和《册府元龟》等大量的汉文史籍都记载了这一点。藏文的典籍资料和民间口传也多有反映。因此，我们可以毫不含糊地说：牦牛是藏族人生活的一部分，是藏族人文化精神的一部分，是藏族历史的一部分。前两条或许大家都能认同，或者能够部分认同，第三条或许不少人不但不会认同，而且有可能反对。这是观念问题。历史既不是帝王将相创造的，也不是人类单独创造的，不借助于自然，不借助于动物和器物，历史是不可能形成的。因而历史也必然是人与自然（自然物和人的创造）共同作用的特定时代、特定阶段、特定地域，甚至是特定场景的历史。不是我们单向地改造自然，自然也在用各种方式教育影响人类；牦牛不但给我们以肉、奶，为我们驮运商品，也给我们以精神滋养。

牦牛代表了什么精神？守候家园、不离不弃，不畏严寒冰雪、虎豹豺狼，默默无闻、负重前行，护弱小、重团队。这种精神在今天同样具有教育意义和激励作用。乌鸦反哺、羊羔跪乳不就是动物对我们的教育和训诫吗？

2018 年 3 月 5 日，习近平总书记在参加内蒙古代表团审议时说："希望你们守望相助、团结奋斗，发扬吃苦耐劳、一往无前的蒙古马精神，把祖国的北部边疆这道风景线打造得更加亮丽。"蒙古马有"精神"，显然，青藏高原的牦牛也应该是有精神的，关键是我们总结不足，宣传不够。

### 三、做好牦牛文章

十世班禅大师曾说："没有牦牛就没有藏民族。"这句话应该是对牦牛的高度评价，也是对牦牛和藏民族关系的顶级定位。为什么说是"高度评价"？牦牛对藏民族的作用太重要了，前文所说食物、工具、伙伴等。为什么是"顶级定位"？这个定位告诉我们在漫长的历史进程中和艰难的现实环境下，牦牛对这个民族始终是不可或缺的。我想强调两方面的问题：

其一，确立新理念，高度重视"两个生态"的保护。我们说的自然、牦牛、高原藏族，实际目标所及，是"两个生态"的保护问题。自然生态和人文生态相互交叉、相互重叠。自然生态搞不好，人文生态自然会受影响，而人文生态搞不好，自然生态照样会受影响。当今人类面临的最大的问题是自然生态和人文生态的保护，因为，自然生态环境的恶化和人文生态环境的恶化同时侵害人类。虽然，科学技术、经济发展、物质财富的丰富与百年前已不可同日而语，但由多种原因导致的人性的堕落也令人咋舌扼腕。解决这"两个生态"的保护，更重要的实际上是良好的人文生态的保护，切忌被那些贴着科学、高端、国际、现代、前沿等人文标签的思想所误导，其背后多是贪得无厌的利益驱动。

要强调"两个生态"协同保护的思想。从人的属性和人类的特点看，光靠保护一种生态同样解决不了保护的根本问题。人类活在地球上，具体的民族、国家生活于地球的具体的环境、地域。地球是整体环境，具体民族、国家的居地就是具体环境。大环境决定小环境，整体是根本，也有小环境的相互独立性问题，但小环境不好，大环境也好不了。自然生态如此，人文生态亦如此。这就给具体国家、民族、地域的环境保护提供了借鉴。目前的世界是以国家为单元存在的，国家首先是个利益共同体。各有各国、各为其主、各谋其利，有利就上，必然存在有利就撞，强者为王。要保证不争不抢，公平履行国际义务，就要建立有效的国际公约，并保证切实执行。但目前还有困难。一强独大，必然导致一强独霸。但是，生态问题关乎地球，关乎人类整体，任何国家都难独善其身，同样，也非一国之力所能及。比如瘟疫、气候、海洋、冰川等整体性、系统性的问题，必然要求国际协同。

因而，系统性的保护、生态性保护，才有可能是真正的保护；博物馆式、盆景式的保护只是一类有限的保护，或者说是对历史遗存的学术性保护，而不是现实存在的应用的活态文化的保护。因为，物质财富和精神财富的丰富都要靠我们的不断继承、创造和发展，因而让一切积极的文化因素都得到保护、继承和发展，才有可能实现马克思和恩格斯所讲的到了共产主义才有的物质财富

与精神财富的极大丰富。没有每一个时代、每一个民族、每一个地域，甚至每一个类型的文化的充分发展，就不可能实现"两个极大丰富"。同样，这也是共产主义者的重要历史使命。故而，保护也是以国家为单元进行。具体国家保护成效如何，既影响到自己，也影响到他人，甚至世界。国家是最大的利益集团。国家之间本质地存在着维护利益、争取利益、平衡利益的问题。

列宁说："政治最本质的东西即国家机构""政治就是参与国家事务，给国家定方向，确定国家活动的形式、任务和内容""政治是经济的集中体现""每一个社会的经济关系首先是作为利益关系体现出来的"①。恩格斯说："政治权力不过是用来实现经济利益的手段。"② 马克思说："人们的政治关系同人们在其中相处的一切关系一样自然也是社会的、公共的关系。"③ 共同的环境问题是国家关系中必然出现和面对的问题，但这一关系同样多以利益为前提，因而，也就存在着不确定性，或者说对于利益的守护和最大化追求，是国家的通病，也最易导致危机。假如没有国际社会相关规则和理性做基础，极易造成失控。

国家的生态是分地区、分环境存在的，各地区的环境状态也不一样。青藏高原的环境不同于国内的任何地方，即自然环境的高海拔和人文环境的藏文化。习近平同志说："绿水青山就是金山银山"，我们的首要任务是给青藏高原减环境压力之负，使之休养生息。这方面的工作党和国家已经做了许多，卓有成效，也有系统的顶层设计。现在的问题是将文化生态的保护作为保护的重要方面，使得自然生态和人文生态良性互动、相互补充、各纠其偏、相得益彰、可持续发展。

我们必须拓展和提升认识，"双保护"应该成为重要的战略思想。而且要科学辩证地认识这一问题，自然生态保护是人文生态保护的基础，人文生态保护是自然生态保护的必然；整体保护是具体保护最坚实的依托，而具体保护是

---

① 《列宁全集》第47卷，第522页。
② 《马克思恩格斯选集》第4卷，第246页。
③ 《马克思恩格斯选集》第1卷，第173页。

整体保护最切实的支撑。

其一，掌握新方法，着眼于现代性、向前看。经济发展对环境的影响是巨大的。人是自然界最聪明的也是最自私的动物。一是找到针对人性的方法。面对动植物，大概有三个选项是致命的。一为解决食物。最简单的也最残酷的是生存问题：饱，你不说保护，大概没人去碰；饿，你不强调保护也会有人铤而走险。碗里没有就看锅里，锅里没有就看柜里。柜里家里没有，就要找到山里。为了吃饱肚子，人们会想尽一切办法。人饥为盗，饥饿当前，再多的食物也留不下。二为解决医和补。为了治病和滋补身体而猎取动植物。三为富和美。为了得到更多的金钱，为了追求富贵、奢侈、享受，不惜将屠刀和猎枪投向名贵的动植物。这三种情况，都是不同条件下的人性反映，尤以第一种为甚。这只是从整体而言。假如不能很好地解决人们的温饱、基本生活保障，就有可能导致全局性的自然生态的破坏；同样，在贫瘠而丑陋的自然生态基础上建立不了良好的正向的人文生态。生产力的发展，社会的进步是"两个生态"保护的基础。抓住了"两个生态"保护的根本，才能针对性地采取措施。

其二，找准文化的现代性和提高文化质量。人与牦牛的关系，是人与自然的关系、是人与同类的关系，是经济关系与信仰（宗教）的关系。在每一个生产、生活的链条上都是如此。进入工业社会后，随着创造和发明的脚步，人们开始了对自然无穷尽地索取。人和自然不可突破的关系同样如此。牦牛，无论是野生的还是家养的，都是人类的亲密朋友。我们要在传统文化的基础上实现文化的现代化，即实现人的现代化，必须要解决哪些范畴属于文化的现代性。假如仍然用老观念应对新事物、新时代，那必然死路一条。该保护就要保护，假如青藏高原的生态破坏了，不光是雪山冷冻层融化造成一系列的生态事件和灾难，牦牛的日子同样也不好过。假如没有了牦牛，那么羊、马、驼等也将难以为继，高原藏族的生活也就自然难过了。科学和信仰同样重要。自然，该放弃的就要放弃，该淡化的就要淡化，当然，最好是自然过程，用自知解决自误自困，用自省推动自悟自觉，用发展进步坚定自强自信。

在新的历史条件下，唯有深厚底蕴、独立个性、立足人生根本且具科学性、

现代性、多样性和高质量的文化，才能应对百年未遇之大变局。牦牛精神同样对我们有深刻、丰富的鉴照，它的精神可以走向世界，但它自身不能脱离青藏高原。

**作者简介**

丹珠昂奔，男，藏族，1955 年 7 月生，青海海东人。1981 年加入中国共产党，1982 年毕业于中央民族学院汉语言文学系，大学本科学历。中央民族大学教授，博士生导师。曾任国家民委副主任、党组成员。

# 牦牛与高原游牧文化

洛桑·灵智多杰

## 一、牦牛

牦牛是生存在环喜马拉雅周边特别是青藏高原一个特殊物种，是属于牛属牦牛亚属的大型哺乳类动物，它与黄牛、水牛等有着共同的祖先，即原牛。最早的原牛出现在 300 万年前，而人类驯养野生动物的历史大概开始于 3 万年前，牦牛的驯养历史大概也在这个时候开始。

牦牛喜寒的生命习性决定了它们大多生活在高海拔的山地中，它靠生命禁区的一些草植分布带生存。藏族在青藏高原上开拓牧场的初期，只有牦牛这个畜种是藏族生存极限的依赖对象，它是生命坚韧的最有力最现实的体现，这里的藏族和牦牛一起创造了生命的奇迹。所以藏族把牦牛看作他们的生存大纛。

牦牛是青藏高原唯一能够充分利用当地草地资源进行动物性生产的优势牛种和特有的遗传资源，同时牦牛具有适应高原严寒、缺氧、缺草等恶劣气候条件的能力，因而成为高原民族特别是藏族一个不可或缺的生产生活资料，为人类提供奶、肉、毛、绒、皮革、役力、燃料等生产、生活必需品。牦牛在青藏高原具有不可替代的生态、社会、经济地位，被称为"高原之舟"。

## 二、青藏高原是牦牛的故乡

全世界有 1400 多万头牦牛，我国占世界牦牛总数的 92%，在我国的分布概况为：青海 470 万头、西藏 415 万头、四川 397.1 万头、甘肃 112 万头、新疆 25 万头、云南 5 万头。蒙古国是牦牛较多的国家（世界第二），有牦牛 70.95 万头，占世界牦牛总数的 5%，其余分布在喜马拉雅南侧的吉尔吉斯斯坦、哈萨克斯坦、阿富汗、巴基斯坦、尼泊尔、印度、不丹等国。

中国牦牛科学家从我国牦牛主产地的地理生态条件、草地类型、饲牧水平、选育程度、社会经济结构等不同因素，研究牦牛在体态结构、外貌特征、生产性能、利用方向等方面的差异。把我国牦牛分成 11 个优良类群和一个培育品种，如青海高原牦牛、环湖牦牛、长毛牦牛、甘肃天祝白牦牛、西藏亚东牦牛、西藏斯布牦牛、西藏高山牦牛、新疆巴州牦牛、四川九龙牦牛、麦洼牦牛、云南中甸牦牛和青海大通牦牛。牦牛对高寒草原高度的适应性使其具有肉、乳、毛、役兼用的多种经济用途。

## 三、牦牛和藏族的缘源

世界上没有一种动物，与人之间的关系，如同藏族与牦牛的关系那样。上万年来相伴始终，不分不离，所以有一种说法，称"没有牦牛就没有藏民族""凡是有藏族的地方就有牦牛"，这说明藏民族和牦牛之间的关系。的确，藏族人的衣食住行样样离不开牦牛，牦牛始终伴随着藏族群众。在漫长的历史进程中，牦牛深刻地影响了藏族群众的精神性格，并形成了独特的牦牛文化。在藏族神话《万物起源》中说："牛的头、眼、肠、毛、蹄、心脏等均变成了日月、星辰、江河、湖泊、森林和山川等。"《斯巴宰牛歌》中也讲："斯巴最初形成时，天地混合在一起，分开天地是大鹏；斯巴宰小牛时，砍下牛头扔地上，便有了高高的山峰；割下牛尾扔道旁，便有了弯曲的大路；割下牛皮铺地上，便有了平

坦的原野。"藏族还把对牦牛的崇拜与祖先崇拜和自然崇拜中的山神、土地神结合在一起。如把雅拉香波、冈仁波齐、念青唐古拉、阿尼玛卿、年保玉则等著名神山的化身都演绎成白色的牦牛或与牦牛相关的故事。这是藏族先民对其所崇拜的图腾牦牛加以神化或物化的结果。因为牦牛是藏族生产生活的伴侣和依靠，所以给牦牛以大山的力量和无限的崇敬。在汉族文化和历史记载中，也把藏族和牦牛联系在一起，如"牦牛羌""六牦牛部"，汉代还出现过"牦牛国""牦牛县""牦牛道"等。

在藏族几千年的历史长河中，对牦牛的图腾崇拜不断发展和演化形成了一种既古老又现代的文化形式。牦牛体现了藏民族吃苦耐劳，在恶劣艰苦环境中争取生存发展的精神。因而，藏民族对牦牛也有着一种别样的感情。藏族对不同的牛种都有不同的称谓。不同于汉民族根据牛的功能、长相和毛色等为各种牛取名：水田干活的叫水牛，黄毛的叫黄牛，长长毛的叫牦牛，野生长长毛的叫野牦牛，藏族把所有牛统称为"素"（zog），水牛叫"马亥"（ma-he），黄牛叫"瓦良"（ba-glang），野牦牛叫"仲"（vbrong），其中称牦牛为"诺尔"（nor），就是宝贝的意思，名副其实。牦牛对藏族来说就是宝。在《岭格萨尔·达赛施财》中，岭国战胜达赛国后，格萨尔把财富分配权交给大总管绒擦查根，查根分配财富时唱道：七件达赛国之宝，祈请神灵来收藏。吐蕃国会更繁荣，百姓也能更幸福。唱罢以掷骰子的方式把七件国宝给各方山神与"念青"。而后把对神爷的白额海螺般的牛，同种牛群一万八千头，金色牛角金眼睛，同种八万八千牛献给雄狮格萨尔王。其余以论功分配、公道分配和平均分配方式，分给各大功臣和各部落，得到的都是牦牛。粗粗算来牛就达到了百万头。这足以说明牛是宝，是财富。

我在青海牧区搞调研时，问一位藏族老人，现在有人讲"没有牦牛就没有藏族"，也有人讲"没有藏族就没有牦牛"，哪个对？老人笑着说都对。因为这既不是牦牛的选择，也不是藏族人的选择，一句话，是一种缘分。也有人讲，牦牛和藏族的关系是生物链中的一环，谁也离不开谁，古代藏族离开了牦牛，难以生存。一旦牦牛离开了藏族，也就失去了它生存的价值。世界上有多少动

物自生自灭，谁关注过它们？但牦牛自从有了和藏族的这种特殊关系繁衍生息到现在，而且藏族把它当成宝贝。藏族和牦牛相依相伴，藏族驯化了牦牛，也保护了牦牛，牦牛养育了藏族也守护着藏族。牦牛性情温和、驯顺，具有极强的耐力和吃苦精神，在高寒恶劣的气候条件下，对于世代沿袭着游牧生活的藏民族来说，牦牛以其耐寒负重的秉性担负着"雪域之舟"的重任。

## 四、讲几个牦牛的故事

这两年我在牧区调研时，藏族智者给我讲了不少有关牦牛的故事。果洛藏族自治州的南杰讲了"央拉"和"岗亚"的故事。

1. "央拉"（g-yang la）。在青藏高原环境与山水文化学术研讨会上，我从南杰等同志口里听说在玉树有一种"央牛"，让我找一找。以前我们也知道"央拉"这个词，这是牧民对自己所有家畜的一种爱称，也是对它们的祝福和感恩，但确实不知道"央拉"还指一种特殊的牦牛。我们就要求玉树藏族自治州农牧局局长才仁扎西在这次活动中想办法弄来这个特殊的牛，他便答应并通知曲麻莱县叶格乡红旗村的布吉把他们家的几头"央牛"，用汽车拉到文化节活动现场，让大家欣赏、拍照、录像。我们都大开眼界。"央拉"牦牛全身长长毛，包括头毛、耳毛、眉毛，全身长毛拖地。我们见到的四只"央拉"，头上都无角，头是圆的，背是平的，性情很温和。听说母"央拉"产奶量很高。藏语的"央"（g-yang）字，用汉字解释为福气、财运和福物等意思。藏族在举行各种庆典和宗教仪式时，就要念诵"央报"（g-yang-bod），是招福、招富或引福的意思。

2. "岗亚"（gangsg-yag）。弩错大译师的《八十赞》对阿底峡的赞颂中云："尊人声闻乘门已，获戒如牦牛爱尾，且妙梵行胜苾刍，持律上座我敬礼"，谓其正受圆满苾刍诸律仪已，如爱尾牛，若尾一缕挂著于树，虽见猎士将其命，宁舍其命获尾不断。阿嘉仁波切的经师央金嘎卫洛者在《菩提道次第广论》解释中，说此牛（"岗亚"）生活在雪域高原，行走时其尾巴不是拖着，而是翘着。此外，还听说有过甘孜猎人组织打"岗亚"、玉树环保组织发现过"岗亚"等很

多故事在民间流传。

3. 牛粪的各种用途。玉树丹玛江永慈诚老人给我讲了牛粪的各种用途：（1）制作藏药七十味珍珠丸，冶炼黄金和水银，都要用陈年牛粪。五年以上的牛粪日晒雨淋变成白色的很薄的一块，里面没有任何杂质，这种牛粪藏语称为"供赛"（vong-si）。（2）在藏地所有的经书完成以后，经书边上要染成赤色的，这是为什么呢？这里丹玛江永慈诚老人讲了一个故事。有一次释迦牟尼的两个徒弟：阿难和迦叶，整理完成了120多页的释尊的《解脱经》，放到坐在地上的释尊右边，正好一头牛过来，在上面拉了一堆屎，阿难怪这头牛弄脏了经书，并要把它赶走，释尊阻止了他，还让他们仔细看。他们一看，这堆牛粪变成了一堆金子，把书边变成了赤黄色。这种工艺在经典中也有记载，现实中也有这种染色工艺。丹玛老人讲："1947年，我在结古寺当小僧人，我的老师在寺院里，主持做这种染料。1957年底，他们从各地借了200多头公牦牛，赶到没有污染的好草山上，吃七天的草，把肚肠洗干净，最后又赶到指定的最好草场上，用七天的时间，给牛喂藏红花，各种草药，如阿日（诃子）、哇日（毛诃子）、戒日（余甘子），还有加持的各种圣物。这之后，牛粪的颜色和味道开始变了。有200多个僧人，每天都在收集这些牛粪并加工。每天用30多头牦牛，把这些牛粪送到结古寺里，进一步加工成鸡蛋大的疙瘩，放在太阳底下晒干，而后就放在牛皮袋里，分配到各个寺院的印经院使用。"（3）所有在藏族传统唐卡里面，都要画很多"诺尔"（nor-bu，藏文是"宝贝"的意思）。但是不能把牦牛画进去，因为牦牛的体积太大，于是就画牦牛的眼睛：蓝色的、黄色的、白色的，代表牦牛，也就是代表宝贝。

## 五、牦牛的崇拜和图腾

1. 岩画中的牦牛。2016年8月我参加了"玉树通天河流域文物科考暨岩画学术论坛"活动。研讨会上很多专家讲：通天河流域岩画以动物题材为主，含可识别动物的岩画总数有1300余幅，占通天河流域岩画总量的73%。牦

牛的个体数量达到 575 个，为通天河流域岩画总数的 32.54%。在动物岩画中，牦牛是最普遍、最重要、最出彩、最具代表性的图案，它是高原岩画艺术中最富有民族性格的图案，它的造型千姿百态，但又十分朴素，蕴含着作画者对牦牛的认识和细致的观察。所以有人讲，牦牛岩画可以成为高原岩画的代名词。

在玉树岩画中出现牦牛是必然的，因为藏族把牦牛叫作"诺尔"（nor），是宝贝的意思。藏民族的衣食住行都离不开牦牛。但是我在贺兰山的岩画中，也发现了牦牛。我想牦牛生活在喜马拉雅山脉，怎么又出现在这儿呢？有人说，牦牛是一个世界性的物种，是很有影响力的，出现在内蒙古高原也并不奇怪。岩画是族群、宗教、信仰的解读，岩画图像表层背后更深层次的文化，反映着族群经济、生计模式和地理生态环境的关系。

2. 长江的故事。长江在藏语里叫"治曲"（bri-chu），意为母牦牛河，是从一头母牦牛的两个鼻孔里流出来的。源头河流很急，神山嘎朵觉悟让她慢慢流淌不要损伤流域周围的生命环境。她同意了并让神山为她铺路牵引。嘎朵觉悟神山答应并铺了一条金子的渠道慢慢把她牵引。因此长江有一段藏族也称其为金河（chu-bo-gser-ldan，曲吾色丹）。她从源头引到玉树仲达的一个地方，嘎朵觉悟把长江拴在一棵柏树上茶歇，长江悄悄地溜走了，河流很急，他追到德格的小苏举境内抓住了长江，又牵着她慢慢走，后来又溜走一次，嘎朵觉悟又捉住她慢慢牵到平原上，放心后让她缓缓前行。长江"三急三缓"的说法即由此而来。还有一种说法，据尕巴地区的传说，很久以前，在上部玉树雅拉的地方，有一座像母牛鼻的山峰。有一天，觉悟旺青更智施法术，从牛鼻山的鼻孔中喷出了清泉，他一边向泉中撒金粉，一边牵着泉水一路走来，后来人们称它为"金色治曲"。到了叫雪达的地方，在一块大石内隐居着一位非人鬼神，觉悟旺青更智委任他看管治曲，自己在一处岩洞坐下饮食休息，不料治曲悄悄地溜逃而去。觉悟雷霆大怒，鞭打大石并将之劈成两块，现在那个地方叫觉悟饮食处所，岩洞里建了觉悟神龛、修了觉悟壁画、竖了风马经幡。最后长江被引到了平原，缓缓流去，滋养中下游的生命万物。

3. 牦牛赞。元代帝师八思巴·洛追坚赞（1235—1280 年），曾写下一首《牦

牛赞》：

体形犹如大云朵
腾飞凌驾行空间
鼻孔嘴中喷黑雾
舌头摆动如电击
吼声似雷传四方
蹄色恍若蓝宝石
双蹄撞击震大地
角尖摆动破山峰
双目炯炯如日月
恍惚来往云端间
尾巴摇曳似树苗
随风甩散朵朵云
摆尾之声传四方
此物繁衍大雪域
四蹄物中最奇妙
调服内心能镇定
耐力超过四方众
无情敌人举刀时
心中应存怜悯意

这首《牧牛赞》表达了对牦牛的赞美、感恩和怜悯。

西藏牦牛博物馆馆长吴雨初在调研时发现，在赞颂牦牛的文学作品中，以珠穆朗玛峰脚下的绒布寺每年于萨嘎达瓦节期间举办的牦牛放生仪式上的说唱最为经典。说唱词是由 15 世纪绒布寺上师扎珠阿旺单增罗布首创的，流传了几百年。比较特殊的是，在这个宗教节日期间，所有活动都是由僧人主持的，

唯有牦牛礼赞这项活动是由俗人，也就是由放牧牦牛的牧民主持。这个仪式先要调集四十多头牦牛，再从中选取七头毛色不同的牦牛，赞颂主持人先在牦牛腰椎上面用线缝上不同色质且写有不同经文的经幡。之后，由赞颂主持人一边唱着《牦牛赞》，一边在牦牛身上用朱砂画画，并在牦牛角头、角腰、角尖、额头、眼部、耳部、鼻梁等部位涂抹酥油。最后，给牦牛喂食糌粑、青稞酒等，在"咯咯嗦嗦"声中，圆满结束《牦牛赞》的唱诵。

## 六、牦牛发展趋势

涉藏地区进入现代社会以来，在牦牛上做了很多文章，特别是把牦牛的经济价值放在首位，各级政府和科研部门都在研究牦牛产业发展的对策。中国农业科学院兰州畜牧兽药研究所从中国牦牛产品特性、产业生产现状及制约牦牛发展的饲养生产环境条件、生产方式、产品价值因素和产业因素进行分析，提出牦牛产业发展需要普及良种，提高生产性能；改变传统经营方式，提高经济效益；加强基础设施建设，建立"六化"家庭牧场（草场围栏化、住房定居化、饲草料基地化、圈舍暖棚化、牲畜良种化、疫病防治规范化）模式，推广"五良"技术（良医、良舍、良料、良法、良种）的配套应用，把牦牛产业作为牧区经济结构调整的重要工作。进行资源合理配置，因地制宜进行专门化生产、产业化经营及社会化服务促进牦牛产业持续的发展。

2018 年 8 月，第六届国际牦牛大会在青海西宁召开。会议达成了很多共识：保护与利用好牦牛品种资源是牦牛产业发展的基础，也是牧区振兴的重要产业支撑，牦牛和高寒草地组成的草原系统对维护高原生态平衡、维护生态安全具有不可替代的特殊作用，发展牦牛产业，务必坚持生态优先、绿色发展。研究牦牛产业，还要从更深层次的角度，如牦牛文化，牦牛与藏人的关系，牦牛与青藏高原生态环境的关系，还要结合实际，如怎样解决人畜、草畜矛盾等问题。草原是最大的生态系统，更是宝贵的自然资源资产。

**作者简介**

　　洛桑·灵智多杰，中国藏学研究中心原副总干事，中国青藏高原研究会副理事长，中华全国环保联合会常务理事，兼任兰州大学、西北民族大学、云南民族大学客座教授，青海民族大学"昆仑学者"、特聘教授、博士研究生导师。

　　几十年来，致力于青藏高原生态环境保护研究，研究成果具有前瞻性和预见性。主编《青藏高原的环境与发展》系列丛书，先后出版 12 本专著；提出青藏高原是"中华水塔"、是"五源"等学术见解；发表了许多关于青藏高原环保问题的学术论文；提出的有关议案、建议，多项列入国家规划并得以实施。目前，主持《青藏高原环境与山水文化》重点课题研究。

# 牦牛颂

丹　增

　　青藏高原以独特的地理构造，绝对的海拔高度，被称为"世界屋脊"；更以其神奇的传说，严酷的高寒环境和珍稀的动植物，吸引着世人的目光。据说地球上现存的哺乳类动物共有 4 000 多种，其中被人类驯化为家畜的有 400 余种，只有生存在高原天地之间的牦牛以顽强的生命力，养育着智慧、善良、勤劳的藏民族，以狂风吹不倒、暴雪压不垮、严寒冻不死的气势，与日月同辉，与天地长存。

　　牦牛那穿越时空的明亮而坚毅的眼睛，堪称这个星球上最富活力的生命之井，永远不会被风雪覆盖，不会被坚冰封冻。

　　千百年来，藏族地区一直流传着这样一个优美的宇宙起源神话。世界伊始，天地混沌，是大鹏鸟奋力展翅分开了天和地。地上只有牦牛，无私地献出了牛头，便有了巍峨耸立的高山；献出了牛皮，便有了广阔无垠的草原；献出了牛尾，便有了奔流不息的江河；献出了牛毛，便有了多姿多彩的花草。

　　布达拉宫大殿的墙壁上有一幅引人注目的古老壁画，在远方茂密的森林里，健壮的伐木工人，有的举着笨重的斧头在砍伐，有的拉着宽长的锯子在解料，地上摆满了粗大的原木，上面还标着修整记号。在一个遥远的采石场上，赤着

胳膊的石匠，有的抡着铁锤劈石，有的用铁钎撬动，身旁有整齐的队列，肩扛绳拉一块块四方形的巨石，巨石色彩洁白如玉。那看似宽阔的雅鲁藏布江、逶迤的拉萨河，汹涌澎湃，一泻千里，江面上运送木料、石块的牛皮船，轻盈飘忽，有时像一支箭，在急流险峡中闪射；有时像一朵云，在惊涛骇浪中起落；有时像陀螺，在湍急的漩涡中打转。早在两千年前藏族的祖先就用柳木绷起牛皮，制成牛皮船，形成雪域高原人畜渡河、货物运输的重要工具。

1 300 年前的拉萨红山上只有象征长寿如意的经幡插在石堆上，今天坐落在这里的庄严雄奇的布达拉宫，是千百年来靠人背马驮和漂泊在江河上的牛皮船从西藏四面八方运送而来的建筑材料建成的。

大海收潮，海浪泻退。从海面崛起山峰，便有了冰峰雪岭，崛起原野，便有了草原、江河。绵延数千里的喜马拉雅山脉形成一堵巨型屏障，切断了印度洋的暖流，西面的喀喇昆仑山脉，北面的唐古拉山脉，东部的横断山脉，使 120 多万平方公里的西藏自治区处在四面环山的崇山峻岭之中。北部辽阔无边的羌塘草原，湖泊星罗棋布，人每天都离不了的盐就出产于此，这里是藏民族游牧文化的发祥地。南部高山峡谷的藏南谷地，江河纵横，土地肥沃，青稞就出产于此，这里是藏民族农业文明的发源地。

在没有现代交通工具之前的西藏，无论是终年四处可见的南北盐粮交换，还是牧民逐水草迁徙，或是庄园寺庙的建造，都依靠牦牛。牦牛以顽强的生命力，背负起高原人民赖以生存的一切，就像为攀登高山的人准备了一个可靠的抓手。牦牛站立巍峨挺拔，行走雄伟苍劲，被誉为"高原之舟"。

西藏农区的春天不是从燕子轻捷的翅膀上载来的，而是从健壮的牦牛披红戴花的节日开始的。解冻的冰河哗哗流动，透明的浮冰在水面上沉浮、旋转、消融；被严寒凝固的土地渐渐变得松软、柔美、生机勃勃，春光在群山环抱的农田里由牦牛奏响。人们按照传统的藏历择算出开播的吉日，清晨农家各户派出代表站在各自村寨最高的屋顶，一言不发地注视着东方的天际。东方渐渐发白，继而蜿蜒起伏的群山之间拉开金色的天幕，呈现万道金光，然后一轮红日喷薄而出。农区沸腾了，海螺吹响，铜锣敲响，人们穿着节日盛装，佩戴传统

装饰，围绕牦牛，以隆重的仪式、喜庆的神采装扮耕牛。每一头牦牛的额头都被粘贴上日月形的酥油花，象征着在地球的第三极，只有牦牛能与日月媲美；朝上弯曲的牛角上，绑着五色的彩旗，象征着雪山之父赐予的桂冠；粗实的脖子上，挂上一串叮当作响的铜铃，象征着咏唱古老的藏族秘史；宽厚的肩胛上，披着缀满贝壳的彩缎，象征着农田万亩播出金色的丰收；下腹黑色的长纤粗毛上，点缀着白色羊毛，象征着农民的感恩之情。本来体形高大、身躯健美的牦牛，经过这份装饰，显得更加高大庄重，威风凛凛。

男人扛着木犁，妇女背着种子，他们牵着耕牛，带着食品，成群结队，唱着古老的歌谣浩浩荡荡走向田间。农田四周烧起香草，芬芳的烟云弥漫田野，犁手们从怀里掏出散发着新木清香的木碗，姑娘们端起绘有吉祥图案的陶制酒壶，第一杯醇香的青稞酒洒向空中，敬天敬地，表达对大自然的感恩；第二杯洒向木犁，感谢祖辈用智慧创造了传承千年的二牛抬杠技术；第三杯敬给耕牛，"今天是您的蹄印，明天是青稞的诞生"，感谢牛的耐力、牛的生命，让一个民族在雪域高原繁衍生息。

藏北高原，是空旷静默的原野，平均海拔 4 000 多米，30 多万平方公里的土地上居住着四分之一的西藏人口。高寒的自然环境决定了人们的生活方式，在这不可耕作的土地上，游牧是唯一的出路，牦牛是所有人生命、生存、希望的寄托。无论青草繁茂的夏季草原，还是寒风刺骨的冬季荒野，星散的牦牛帐篷立于天地之间。如果说雅鲁藏布江漂泊的牛皮船，曾经是一个民族流动的居所，那么藏北高原上牦牛毛织成的帐篷，则是一个民族安居的宫殿。随着季节变换牧场，追逐水草游牧迁徙，易搭易拆的牦牛帐篷是牧民们的温馨之家。帐篷有大有小，小的 200 多斤，需要两头牦牛驮着走，大的上千斤，需要 10 头牦牛驮着走。300 年前，那曲 39 个部落的总头人，制作了一个硕大无比的牦牛帐篷，据说用了一万头牦牛的长毛，150 个牧民缝制了 10 年时间，可以容纳千人聚会。后来这一地区这被称为巴青宗（意为大帐篷县）。藏北牧民清晨起来，第一口喝的是从牦牛奶中提取的酥油打出来的酥油茶，中午吃的是风干的牦牛肉，晚上睡前再吃一碗稠如豆腐脑的牦牛酸奶。帐篷四壁堆放着盛满酥

油的牛皮箱，装着青稞的牛毛编织袋，夜里盖的牛绒被，待客用的牛皮垫子，用来捆绑货物的牛皮绳，还可以看到喝酒用的牛角杯子，防雪用的牛毛编的眼罩，数不清的牦牛制品，无论是宽敞的还是狭小的牦牛帐篷都是一个牦牛制品博物馆。所有牧民穿着牛皮底的靴子，春季去北方驮盐，秋季去农区换粮，早晚去草场放牧，翻雪山过草地，牛皮底鞋的足印踏出连绵深沉的踪迹。

在西藏，有做工考究、不同等级的官鞋，有结实艳丽、各种式样的民鞋，还有款式独特、色彩斑斓的僧鞋，这些鞋子鞋底全是牦牛皮，只有厚薄、软硬的区别。在雪域高原，历经沧桑，穿越腥风血雨与人寸步不离的还是那张张牦牛皮。每一座牛毛帐篷中央都立着藏式炉灶，牛粪火烧得通红，成了一块块鲜红的火球，它是雪域人间不落的太阳，温暖着祖祖辈辈的牧民。帐篷左右堆放着的干牛粪，似半圆形的棱堡，围着帐篷垒起的牛粪，像城墙的基脚，这是牧民自行置备的唯一燃料。信念的经幡总是在牦牛帐篷的顶端飘扬，帐篷北壁正中的佛台前，点着火苗闪动、若明若暗的酥油灯，是草原人们灵魂的寄托，它用的是每天第一桶牛奶打出的酥油。这牛奶打出的酥油，滋养过多少高原女子美丽的容颜，强壮过多少高原汉子坚实的臂膀。

藏北高原，夏季闪电划过长空，连绵不断的滂沱大雨倾盆而下，发出铿锵的金属般的声音，纺织紧密的牦牛帐篷滴水不进；秋天，大风呼啸，卷起漫天枯草沙尘，有时一阵狂风在草原上盘旋，卷成螺旋，裹起地面上的飞鸟走兽，酷似铁爪插入地壳般神奇的牦牛帐篷，安如泰山；冬季，凛冽的寒风横扫荒野，纷飞的大雪铺天盖地，一脚踩在雪地上，陷下半尺多深，厚实保暖的牦牛帐篷灌不进冰冷的寒气。以牛羊为生命，以风雪为伴侣，一顶帐篷、一群牛羊便是牧民赖以生存的全部家当，经久耐用的帐篷可以代代相传，沿用上百年。

西藏因千百座雪山的耸峙而成为离太阳最近的地方，出行途中翻越海拔5 000米以上的山口是家常便饭。在高高的山梁上，堆放着塔形的嘛呢石堆，像佛塔，似城墙，最顶上摆放着牦牛头骨，有的前额上刻着六字真言，有的牛角上挂着白色哈达，尽管风吹日晒，却看不出荒芜衰颓的痕迹，反而比活的牛头还要精神。古往今来，镌刻在藏族人心底的生死轮回、因果报应的哲理，促

使人们祈愿一切有生，像山峰间盘旋的鹰，向着天空越飞越高，一生比一生闪耀。路人途经这里，都会驻留片刻，以虔诚之心，双手合十，举过头顶，仰望依附平安神灵的牛头，默默祈颂一切美好的祝词，有的绕行一周，然后带着神灵的护佑和自己的祈愿静静地上路。如果说高耸云端的雪峰是雪山之神，与它并驾齐驱、白云缭绕的牛头便是众生之神。

在雪域高原，无论象征佛教的巍峨壮丽的寺庙，象征富裕的富丽堂皇的庄园，象征政权的易守难攻的堡寨，还是破旧简陋的平民住屋，在门枢上、屋顶上、院墙边，都安放着大小不一的牦牛头骨，藏族文化中牦牛代表着一种雄厚的力量、不屈的精神和神奇的智慧。藏族先民以牦牛为氏族部落的图腾，传说中第一代赞普聂赤赞普从天而降，做了六牦牛部落的主宰，自此崇拜牦牛的文化在民间根深蒂固地延续至今。

白色牦牛是神的象征，给人以无穷的幻想。藏族把白色作为吉祥、纯洁、温和的象征，千百年来，高原是雪的世界，高原特色礼物中缺不了一条白色哈达，饮食中少不了白色酸奶，迎接贵宾铺的是白色毡子，欢乐节庆洒向空中的是白色糌粑。念青唐古拉山、玉穷那拉，这些高山的化身都是一头白色的牦牛。有一种两耳间隆起肉瘤的无角牦牛，性格温顺、平静，体态灵巧、轻盈，是牦牛中的精品。如果是母的，产的牛奶最多，长出的绒毛最柔，打出的酥油最黄；如果是公的，也许是高僧的坐骑，主人的宠物，也许是屠宰场的首选目标，因为它的肉最嫩。战场上牛角号吹响，是冲锋的信号；歌舞中牛皮鼓敲响，是高潮的开始；屋顶上挂起牛毛旗，是胜利的象征。

在浩瀚的藏族古代文学中，不少作家以天真的想象、神奇的故事、生动的语言，讲述着牦牛的故事：人们杀了一头牦牛，不小心丢了一块肉，被公鸡偷去做了鸡冠；不小心丢了一支角，被犀牛偷去做了鼻角；不小心丢了一块皮，被山羊偷去做了围脖；不小心丢了一块油，被喜鹊偷去贴了肚皮。曾经有一个魔王身骑战马，督率大军，要侵入藏地，弄得百姓惊惶失措。一头牦牛临危受命，冲向魔军，牛鼻里吹着毒气，牛嘴里喷着火焰，牛眼里闪着雷电，牛身上射出利剑，四蹄腾起，快如飞箭，把敌军打得七零八落，溃不成军，最终捍卫

了藏族人的美丽家园。所以，至今在藏族习俗中，人们相信牦牛朝上弯曲的锐角、洁白宽阔的颅骨能护佑善良的人们平安吉祥。

无论文化、习俗，还是信仰，如果没有得到人们普遍习惯的支撑，都很难延续和传承。世界上最宽阔的是海洋，比海洋更宽阔的是天空，比天空更宽阔的是人的心灵，高尚的心灵将感恩埋在心底，受牦牛文化恩惠的藏族人，自然激发出由衷的信仰，言语的赞美，行为的回报。在西藏那些精美坚固、晨钟暮鼓的大小寺院里，沿墙悬挂有画面生动、色彩鲜艳的唐卡，墙上绘着具有深厚的佛教色彩和神秘气氛的壁画，还有扬眉怒目、狰狞可怖的护法神，瘦骨嶙峋、形态乐观的阿罗汉，神采飞扬、刚健英武的密宗神，端庄美丽、智慧安详的度母佛，无论是铜铸、银制、泥塑，其造像有慈祥的、威猛的、风趣的、恐怖的，且个个栩栩如生。许多造型要么头上长着牛角，要么胯下骑着牦牛，要么手里挥着牛尾，佛经故事、神话传说和宗教仪式中随处可以见到牦牛的不同形态。许多寺庙挂的《牛头明王》唐卡，画面是人身牛头的忿怒像。相传，有一位修行者很有神力，为了精进修行，选择一处山洞修行。年复一年，日复一日的禅定修行，将要达到完美的涅槃境界时，他的魂魄出离身体进入虚空中。这时，恰好有一群偷牛贼，偷了一头牛进入山洞，把牛杀死，你争我夺地分享牛肉，猛然看到那位修行者的身体，害怕他会泄露秘密，便一刀砍下他的头颅，随手扔进了山谷。修行者虚空神游的观想意识回到身体，发现自己的头颅不见了，急忙寻找，可怎么也找不到。这时死神阎魔天，拿起被偷牛贼砍下的牛头装到修行者的脖子上，让他成为恐怖死神，杀死了所有的偷牛贼，还到处滥杀无辜，整个雪域笼罩在血雨腥风之中。这时虔诚的众生聚集起来，祈求智慧的文殊菩萨显灵，文殊化现出牛头，变化出忿怒相，降服怒火。

对于今天的人们，敦煌这个名字并不陌生，从这里西行 2 000 公里的崇山峻岭间，隐藏着规模宏大的"第二敦煌"——西藏萨迦寺。这里与其说是一座佛教寺庙，不如说是一座文化古城。公元 13 世纪 80 年代，距今 600 年前，全西藏的能工巧匠都聚集在这里，还请来了印度、尼泊尔等地的能工巧匠，大兴土木。全西藏最高学位的寺院僧人，最有学问的官界人士，最懂文化的民间

艺人，汇聚在此，整理书写着浩如烟海的历史典籍。今天一座20万平方米的3层大经堂，储藏着10多万卷的经卷。这些经卷，有人说千人书写需要50年，也有人说万人书写需要30年，其中，最大的一部经卷有两米多长、一米多厚，5个人才能搬动。这些经卷的保存，一靠雕龙画凤的优质木材板夹，二靠宽长结实的牛皮绳捆绑。这10万卷捆绑用的牛皮绳，不知用了多少张牛皮，连接起来其长度可达千里万里，在那个年代除了牛皮再也找不出第二种替代物，牦牛在这里是不可或缺的精神与物质的力量。

藏戏是西藏古老的传统戏剧，表演者都戴着面具，牧区的赛马节、农区的收割节、寺院的跳神节、民间的过年过节，藏戏表演无处不在，是当今世界为数不多的面具戏。其开场、高潮和结尾总有一段牦牛舞。一对雄健的牦牛出场，一个身穿羊皮袄、头戴狐皮帽、腰别长刀的牧民伸长脖子出人意料地高喊："牦牛胜利了，天上的星星吉祥闪亮，地上的鲜草吉祥生长，吉祥的牦牛带来快乐的欢笑。"一对牦牛配合默契，舞蹈动作多姿多彩，时而斗角打滚,时而蹦跳碰撞;时而安静觅食，时而嬉戏打闹。依次上场的有，红色面具，红色是火的象征；绿色面具，绿色是水的象征；黄色面具，黄色是土的象征。水、土、火是生命的源泉。至于半白半黑的面具，显示两面三刀;丑陋狰狞的面具，显示威压恐怖;花花绿绿的面具，显示阴险毒辣。据藏文典籍记载，这种牦牛舞起源于公元7世纪，公元8世纪西藏佛法僧俱全的第一座寺庙桑耶寺落成庆典上表演过，从此，西藏重要的庆典活动中都少不了牦牛舞的表演。300年前，当时的地方统治者把古老、雄健的牦牛舞表演职责交给了地处拉萨河畔山水风光如世外仙境的协荣村，组织了几个牦牛舞蹈队，每逢拉萨的大小节日他们都要无偿地去演出。

牦牛的祖先是野牦牛，野牦牛的祖源在藏北。今天在西藏北部的无人区，仍然能看到几头、十几头多少不一的野牦牛群，它们在雪山和草地间行走觅食，神态安详，悠闲自在。野牦牛是国家一级保护动物，现存总数一直没有精确的统计。野牦牛是放大了的牦牛，相貌、体形、色彩相差无几。体重大的上千斤，小的几十公斤。相传，曾有一个猎手杀了一头野牦牛，扔掉牛头、内脏，雇了十多头牦牛才驮走。野牦牛体形高大，雄伟健壮，它的两支角之间可以并排站

立两三个人，野牦牛的舌头上长着尖硬的舌刺，它对侵略者的攻击不全是角顶脚踩，还用舌舔，轻则皮开肉绽，重则血肉开花，晒干的牛舌锯成方块可以用来当梳子。牛头皮子有三寸多厚，晒干的牛皮被牧民用作切肉的案板，还能代替金属做成马鞍、牛鞍。

西藏著名游僧土巴仁青曾写下 200 年前迷失方向，误入藏北无人区，见到野牦牛的壮丽景象：广阔无边的草原，青绿闪亮的河流，心情愉快，弯下腰，捧水解渴，瞭望远方，落荒而逃的时刻到了。一大群野牦牛从天际像乌云般滚过来，仔细一看像一堵黑墙，排成列队，足有数千，可能上万。旋转粗实的锐角像长矛朝向天空，似乎能听到从鼻孔中发出的低沉粗犷的吼声，蹄下的草地怎么能承受起群峰般的压力。

野牦牛生活在海拔 5 000 米左右高寒缺氧的自然环境，它的生命被环境定格，又被环境改变，野牦牛本身就是生命在大自然中拼搏生存的见证。

我不愿意说骆驼是沙漠的怪胎，毛驴是幽默的小丑，我只觉得牦牛是藏民族的生命和希望，人骑在牛背上，就像站在巍峨的山岗。奔腾的牦牛像跃涧的猛虎，安静的牦牛像不倒的佛塔，每当成群的牦牛在高原缓缓游动，似乎脚下的群山就开始悠悠行走。

**作者简介**

丹增，藏族，生于西藏比如，13 岁到内地求学，先后就读于西藏民族学院（现称西藏民族大学）、中央民族学院（现称中央民族大学）和复旦大学。曾任西藏自治区党委副书记、中共云南省委副书记、中央候补委员、全国政协委员、中国文联副主席、中国作协副主席。现任中国作协名誉副主席、中国笔会中心会长。先后被聘为中国艺术研究院研究生院特聘教授，北京大学文化创意产业研究中心顾问，中国传媒大学文化创意产业发展研究中心顾问，西南大学、四川大学、西藏民族大学特聘教授。出版的学术著作有《文化产业发展论》《文化慧眼读云南》《为了人人都享有的权利》《驼峰飞虎》《司岗里女人》。出版散文集《小沙弥》《小活佛》《我的高僧表哥》《阿妈拉巴的酥油灯》《海上丝绸之路与郑和》。《小沙弥》被翻译成英文、阿拉伯文、匈牙利文出版，《我的高僧表哥》被翻译成俄文、日文出版。先后荣获"2006 年中国文化产业年度十大人物""2007 年中国创意产业杰出贡献奖""2009 年亚太文化产业成就展特别荣誉奖""2010 年台湾鹤山文化艺术勋章""2013 年中国文化创意产业终身成就奖""2017 中国文化特别贡献人物奖"。小说《神的恩惠》获"中国优秀短篇小说奖"，中篇小说《江贡》获"2011 年《百家》小说奖""2012 年《小说选刊》双年奖"；报告文学《太平洋风涛》获"亚洲华人文学奖"；散文《童年的梦》获"十月文学奖"，《生日与哈达》获"2009 年中国优秀散文奖"，《丙中洛》《雪域路之梦》《阿妈拉巴的酥油灯》分别获人民日报 2011、2013、2015 年度征文优秀作品奖。

# 吐蕃人的福畜

—— 牦牛的品德赞

多识·洛桑图丹琼排

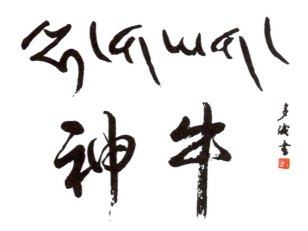

使虎豹熊罴胆战心惊的
锐利的双角直插蓝天的您——

对自己的朋友性格温柔如棉
经常把幼童妇女驮在背上
嘴里虽不吐"利众"豪言

但把自己血肉、脂肪、内脏和皮毛
甚至把排泄的粪便
都毫无保留地献给了众生

毛驴承受不了沉重的负担
跟随阿拉伯的商队离乡逃走
在你的背上虽压上小山般的重负
也从来没有吐怨气的吭声
骏马为了得到一副金鞍
甘愿作千乘之王的坐骑
你把自己的美丽的尾丝
无私地捐出救济别人

藏獒为得到一块吃剩的骨头
做了霍尔兵勇的凶猛猎犬
你虽得不到一口牧草而毙命
也从不离开你的主人

雪狮经不起雪域的严寒
去了非洲的原始森林
你却从远古至今
未离开故乡——雪域高原

头戴珊瑚树的麋鹿
腰系黄金袋子的香獐
仗着智慧双剑的野兔
唯自保安乐，比你卑微

见有尸肉飞来的白头鹰
开花时节歌唱的布谷鸟
喜欢在黑夜里起舞的猫头鹰
虽然有飞翔的翅膀也难以与你匹敌

没有骡子的脚踢自己人的坏毛病
没有羊的听任宰割的懦弱
没有猪的掘自家墙脚的愚蠢
没有猫的做家贼的贱骨

你做利他之事从不求回报
合群共享水草，从不自私
你不怕风吹、雪打、雨淋
勇于承受饥寒服役之苦

你双眼血红，但非见利"眼红"
虽然面带愤怒，但非仇视亲友
虽然双角锐利，但不瞄准家人
虽然有时嗷嗷叫，绝非预示不祥

没有锦缎衣袍和金银首饰
只披着一身御寒的绒毛
用可敬美德的珍宝饰身
故成为人类的示范课本

**作者简介**

多识·洛桑图丹琼排，简称多识，笔名多识·东舟宁洛，藏族，生于 1936 年，甘肃省天祝藏族自治县朵什寺第六世寺主活佛。曾在天堂寺和拉卜楞寺学习藏文和藏传佛教十明学科，后从事藏语文教学工作，其间自学了汉语言文学。1983 年调至西北民族学院少语系任教，1985 年起任藏文专业研究生指导小组组长，1992 年至 1996 年任少语系主任。现为西北民族大学藏语言文学系教授，博士生导师，教授"藏语语法""藏文修辞学""藏文代历代文选""因明学""藏传佛教"等课程。2018 年 5 月 19 日，多识·洛桑图丹琼排荣获第四届中国藏学研究珠峰奖荣誉奖。

# 《格萨尔》与牦牛文化

降边嘉措

牦牛与生活在世界屋脊之上的藏族同胞有着密切联系，而藏族人民集体创作的英雄史诗《格萨尔》又与牦牛有着十分密切的联系。《格萨尔》里有很多描写牦牛的内容。

本文拟从《格萨尔》与牦牛的关系，做一些论述。

## 《格萨尔》是一部典型的"草原史诗"

《格萨尔》是藏族人民集体创作的一部伟大的英雄史诗，是中华民族的文化瑰宝。假若我们把世界上一些著名的、在人类文明发展的历史上产生过巨大影响的史诗按类型分类，那么，产生在地中海的古希腊《荷马史诗》属于海洋史诗，它反映的是古代欧洲人民依托无边无际的海洋寻求生存与发展的历史。产生于亚热带茂密森林的印度史诗《罗摩衍那》和《摩诃婆罗多》则属于森林史诗，它反映的是古代印度人民在茂密的亚热带森林创造辉煌的印度文明和影响深远的宗教信仰的心路历程。印度的宗教文化，与森林密切相连，相传释迦牟尼就是在菩提树下得道成佛的。

藏族基本上是一个游牧民族。产生于古代藏族部落社会、以反映古代藏族部落社会和游牧生活为主要内容的《格萨尔》则是典型的草原史诗。

青藏高原辽阔的土地、雄伟的雪山、美丽的草原，是这部古老的史诗赖以产生的自然生态环境与文化生态环境。在《格萨尔》这部古老的史诗里，对青藏高原的山山水水，自然风光，壮丽景色，以及生活在这片土地上的藏族人民的生产劳动和生活风貌，风土人情等各个方面，都有十分生动的描述。假若青藏高原的生态环境遭到破坏，美丽的草原不复存在，成为一片荒漠；雪山逐渐萎缩，变成荒山秃岭，那么，《格萨尔》这部伟大的英雄史诗，也失去了它生存的基础。因此，《格萨尔》这部史诗，与青藏高原，与宏伟的雪山，与辽阔美丽的大草原有着十分密切的联系。保护好青藏高原的生态环境，就是保护《格萨尔》赖以生存的自然生态环境与文化生态环境。

草原史诗的一个重要特点，就是描述草原牧民的生产劳动、生活习俗、草原风光。

《格萨尔》中描写牧区生活，反映牧业文化的部本有很多，如：

《东司门马宗》《西宁马宗》《索波马宗》《梨赤马宗》《木雅马宗》《索哈拉马宗》《色玛马宗》《穆古骡子宗》《大食牦牛宗》《松巴牦牛宗》《琼赤牛犊宗》《琪岭套索宗》《百波绵羊宗》《贝哈热绵羊宗》《阿赛山羊宗》《霍琪巴山羊宗》《玛康绵羊宗》等部。

其中直接描述牦牛的有《大食牦牛宗》《松巴牦牛宗》《琼赤牛犊宗》等部。其他一些部本中，也有很多关于牦牛的描述。

## 牦牛是草原牧民最重要的财富

牦牛，藏语里称作"ནོར"（诺）。财富，藏语里也称作"ནོར"。《藏汉大辞典》里，对"ནོར"作了这样的解释："货财，物资，物质财富。"接着又解释："牛类，家畜牛。"就是说，在藏文原意中，"财富"与"牦牛"是一个词。也就是说：在古代藏族社会，谁拥有了"牦牛"，谁也就同时拥有了财富。

在藏语里，"财神"叫"ནོར་ལྷ"，"财主"叫"ནོར་བདག"。

人们常说："牦牛全身都是宝。"在藏族社会，尤其是在牧区，牦牛既是生产资料，又是生活资料。①

## 关于"央"(གཡང)的观念及藏族先民的自然崇拜

草原牧民为了六畜兴旺，人寿年丰，有一种祈求"央"的传统。而其中祈求"诺央"是一种具有悠久历史的古老传统。

"央"的观念是藏族文化中一个独特的概念，在汉族或其他兄弟民族中尚未发现"央"这样的概念，因此也很难找到一个与之相对应的词，能够准确地将它的含义表达出来。

"央"，《藏汉大辞典》里作了这样的解释："央（gayng，གཡང），福禄，福气财运。"②

按照藏族原始宗教的说法（后来被苯教和藏传佛教广泛吸收和采用），每一样东西都有它的"宝气"，金、银、铜、铁、珍珠、玛瑙、盐、茶等财宝，都有自己的"央"，即"宝气"，你得到某种财物，如果不同时取得它的"宝气"即"福禄、财运"，也就是藏语里说的"央"，这些东西会得而复失；反之，如果你有了这种"宝气"，但暂时没有这些东西，以后也会得到。

《格萨尔》里关于"央"的描写是很多的，成为整个史诗一个很有特色的重要内容，为《格萨尔》增加了不少民族特色、宗教特色和神秘特色，也为《格萨尔》增加了独特的色彩。

我认为，关于"央"的观念，与藏族先民的自然崇拜有着密切联系，具有久远的历史和丰富的文化内涵。限于篇幅，本文不打算详细叙述史诗中关于"央"的具体描写，而着重从"央"的观念与自然崇拜的联系方面，加以论述。

在邈远的太古时代，包括藏民族的始祖在内，当人类的祖先从莽莽的原始

---

① 《藏汉大辞典》（上册），民族出版社，1985，第 1531 页。
② 《藏汉大辞典》（下册），民族出版社，1985，第 2513 页。

森林走出来，第一次伸直弯曲的脊背，能够直立行走的时候，他们便以惊异的目光，凝望浩瀚幽远的苍穹，扫视苍莽壮阔的大地，环顾刚刚从动物群中分离出来的同伴，用大脑思考，从两个方面进行艰苦卓绝地探索。一是人类的生存空间，即外部世界，哲学家们称之为第一宇宙。观察宇宙的奥秘，认识人类与大自然的关系，始终是人类思维活动的重要内容。二是探索人生，认识自我，即第二宇宙。人为万物之灵，灵就灵在能够用大脑进行思维活动。他们会很自然地想到：天是什么？ 地是什么？ 山川河流是什么？ 它们是怎样形成的？ 是谁在主宰它们？ 太阳和月亮怎么升起？ 又怎样落下？ 他们无法科学地回答这许许多多时时困扰他们的问题，于是便认为，有一个超自然的神秘的力量在主宰整个世界，主宰整个宇宙，也主宰着人类的命运。那么，这个超自然的神秘的力量又是什么？ 依然使他们感到困惑。他们的想象力非常稚弱，没有能力进行概括和抽象。那时还没有宗教，甚至也没有宗教观念。因此，神，也是不存在的。宗教不是自古以来就有的。它是一种历史现象，只是在人类社会发展到一定阶段才产生出来。在宗教尚未产生以前，人类的发展经历了一个前宗教时期。"所谓前宗教时代，指的是人类社会和人类意识形成的早期阶段。当时，人刚刚脱离自己的动物祖先而开始成为人。但是，这同时也是艺术和道德尚未产生以前的时代，即真正的社会意识尚未形成以前的时代。"[1]

经过漫长的前宗教时代，随着人们的物质实践即生产劳动和精神需要的发展，才逐渐萌发了艺术和宗教的胚芽。

生活在青藏高原上的藏族先民，和整个人类一样，大体上也经历了这样一个认识过程。

生活在雪域之邦的藏族先民，首先面对的是高耸入云的雪山、广袤无垠的草原、壮丽无比的自然景观，以及高寒缺氧的严峻的生存环境、瞬息万变的恶劣气候。他们无法理解、无法解释如此复杂的客观环境和自然现象，于是产生了各种幻觉、幻想、假设和想象。他们认为，日月星辰的时出时没，是因为有一个超自然的神灵在主宰；山有山神，水有水神，湖有湖神，风有风神，雷有雷神，

① 乌格里诺维奇：《艺术与宗教》，王先睿、李鹏增译，生活·读书·新知三联书店，1987。

各个村寨、各个部落，也都有各自的神灵。总之，世界万物都有主宰它们的神灵，对它们的信仰、依赖、恐惧，或憎恨、厌恶，逐渐演变成对自然的崇拜。这种自然崇拜，实际上是一种泛神论的表现，其思想基础就是灵魂观念。它把自然界神灵化，把神灵人格化。就是说，赋予自然万物以神的品格，然后又心甘情愿地匍匐在神的脚下。藏族先民的造神运动就这样开始了。正如普列汉诺夫所说："万物有灵论的各种概念的产生都是由于人的天性，这些概念的发展和它们对人的社会行为所发生的影响，归根到底都是由经济关系决定的。"①

《格萨尔》里的许多战争，就是争夺"央"的战争。格萨尔在征服许多"宗"之后，不仅将那些财宝抢回来分给自己的臣民百姓，还把那些财宝的"央"——"宝气"也一起带回岭国。传说经常念诵史诗的这一部分，就能为自己积福，招来好运，发财致富。②

认为所有物质的东西，包括有生命和无命的东西，都有一种虽然看不见，却又无所不在的"央"的观念，可能是万物有灵论一种特殊的表现形式。《格萨尔》里关于"央"的描写是很多的。马有"马央"（ང་གཡང་），牦牛有"牦牛央"（ནོར་གཡང་），犏牦牛有"犏牦牛央"（མཛོ་གཡང་），黄金有"黄金央"，铁有"铁央"，等等。《格萨尔》里描写"央"的，有几十部之多。直接描述"牦牛央"的有：《大食牦牛宗》《松巴犏牛宗》《琼赤牛犊宗》等部，其中以《松巴犏牛宗》最为著名。

《格萨尔》旦大约几十个分部本里都有关于"央"的描写，在整个史诗中占了很大的分量。之所以要大量引证关于"央"的描写，是因为"央"这一观念很特别，在别的民族当中尚未发现这种观念，它反映了藏族先民一种独特的信仰心理，也是泛神论观念一个独特的表现形式。"央"的观念，成为《格萨尔》这部古老史诗的重要组成部分，这种观念，后来被苯教和藏传佛教接受，并纳入自己的教义和仪轨体系，延续至今，积淀着藏民族的信仰心理、宗教观念、宗教活动，以及仪式和巫术活动。为了招财进宝，为了能够摆脱贫困，过上富

① 普列汉诺夫：《论艺术》，曹葆华译，生活·读书·新知三联书店，1974。
② 降边嘉措：《〈格萨尔〉初探》，青海人民出版社，1986。

裕的生活，民间有许多僧侣专门念诵招"央"的经（"གཡང་མཆོད"或"གཡང་འགུག"）。

《格萨尔》处在不断的发展变化之中，但关于"央"的观念却始终没有变化。深入研究这种观念，对于了解《格萨尔》丰富的思想内涵，分析其产生、演变的历史，都是有意义的。

## 牦牛为中国革命事业做出了重要贡献

很多人知道牦牛对于藏族人民，尤其是草原牧民的重要性。但是，很多人至今并不知道牦牛对中国革命事业曾经做出过重要贡献。

人们常常用"爬雪山、过草地"来形容长征的艰难和困苦。而英雄的工农红军爬的雪山、过的草地，都在藏族地区。在红军艰难跋涉的过程中，牦牛发挥了重要作用。"牦牛浑身都是宝"，这一特色，给经历过长征的红军将士以深刻印象。在藏族同胞的帮助下，红军依靠牦牛运送粮食，驮运武器装备和伤病员。缺少粮食的时候，可以宰杀牦牛。牦牛肉具有丰富的营养。牦牛的皮可以做坎肩，为红军将士遮风挡雨。牦牛的皮还可以做皮鞋。红军将士从内地来，草鞋早已磨破、穿烂。就是没有被磨破、穿烂，也抵挡不住高原雪山草地的风寒，只好用牦牛皮做"草鞋式"的简易"皮鞋"。

据藏族老红军天宝（即桑吉悦西）说，长征胜利到陕北后，毛主席曾满怀深情地对他们这些年轻藏族战士说："牦牛对中国革命的贡献是很大的。"毛主席强调指出："如果没有那么多的牦牛支援红军，我们是很难走出雪山草地的。从这个意义上讲，可以把长征的胜利，称作牦牛革命的胜利。"[1]

"牦牛革命"，是毛主席对牦牛对中国革命事业所做的贡献的最高评价。

1949 年后，据有关部门统计，长征时期，为了帮助红军过雪山、草地，藏族同胞至少支援了 20 多万头（只）牛羊。[2]

---

[1]　马尔康县党史研究室编印：《红军长征在马尔康》，2004。

[2]　国家民委政策研究室编写：《新中国民族工作 90 年》，民族出版社，2011。

1949 年后，遵照党中央、毛主席的指示，人民解放军进军西藏、解放西藏，对于维护祖国统一、反对帝国主义侵略，巩固西南国防，具有重要意义。

在人民解放军进军西藏、解放西藏的过程中，牦牛再一次发挥了重要作用。1950 年 9 月，昌都战役前夕，担任进藏任务的十八军军长张国华将军，专程去访问西康地区的大土司夏克刀登，请求他帮助，支援进藏部队，主要是要牦牛。夏克刀登问张国华："贵军大概要多少头牦牛？"张国华说："至少要 20 万头。"

夏克刀登爽快地回答说："我们康北地区虽不富裕，但只要大家齐心协力，支援解放大军 20 万头牦牛，还是没有问题的。"

张国华将军向夏克刀登表示感谢，然后果断地对十八军第二参谋长李觉将军说："昌都战役可以进行了。"[1] 藏族人民支援的 20 万头牦牛，是胜利进行昌都战役的物质基础。

20 万头牦牛，这只是在昌都战役前，康北地区的土司头人和藏族同胞对解放军的支援。人民解放军进藏部队六万大军分四路向西挺进，把庄严美丽的五星红旗插在喜马拉雅山上。在这一过程中，藏族人民支援了多少牦牛？至今没有精确的统计数据。

我的第一部长篇小说《格桑梅朵》，主要描写的就是一支牦牛运输队帮助进藏部队进军西藏、解放西藏的故事，也是我自己的亲身经历。

党的十八大之后，习近平总书记谆谆告诫全党、全军、全国各族人民："不忘初心、牢记使命。"

联系到西藏和其他地区的工作，我们也不应该忘记牦牛为中国革命所做的巨大贡献。更重要的是：为牦牛的生存和发展，创造一个良好的生态环境，保护好每一片水清草绿的美丽草原。

---

① 降边嘉措：《李觉传》，中国藏学出版社，1994。

## 应该高度重视牦牛赖以生存的自然生态环境和文化生态环境

古代藏族人民的自然崇拜和万物有灵的观念，引导人们热爱生他养他的故土，热爱雪域之邦的一山一水、一草一木，与大自然和谐相处，而不要去破坏、去伤害自然界的一切生物，包括有生命的和无生命的。藏族的传统观念认为：自然界的一切物质，包括花草树木，与人一样，都是有生命的，因而也是有灵魂的。既然有灵魂，那他（它）们就有感知，就能够转世。

佛教传入藏族地区以后，与"六道轮回"和佛教的各种戒律相结合，使这种古老的观念更加系统化，也更加理论化，因此也更容易为大多数信教群众所接受，不但渗透到他们的意识形态之中，而且深入到社会生活的各个方面。

在藏族的家宅、各寺院的壁画和传统的卷轴画即"唐卡"里，有一幅常见的图画，叫"四兄弟图"，即：大象、猴子、山兔和羊角鸡。佛语又称之为"和气四瑞"。按照传统的说法，这四种动物互相尊重，互救互助，和睦相处，能够招致地方安宁，人寿年丰。

"四兄弟图"，按藏文字面翻译，应为"亲密地、和谐地相处的四兄弟图"，就是说，他们不但是四兄弟，而且是应该"亲密地、和谐地相处"的"四兄弟"。

此外，藏族民间还广泛流传着"六长寿"的故事。"六长寿图"与"四兄弟图"一样，流传广泛。六长寿即：岩长寿、水长寿、树长寿、人长寿、鸟长寿、兽长寿。

岩石代表大地，扩大来讲，代表人类生存的空间，即大自然；水，是人类生存的基本条件；树代表一切植物；人是世间万物的主体；鸟，在藏族传统的观念里，象征和平、欢乐和吉祥；兽代表一切动物。这幅图画形象地告诉人们：人类应该与一切生物、与大自然和谐相处，才能健康长寿，颐养天年。

这是从正面来讲。从反面来讲，佛教的各种戒律中，第一条，也是最重要

一条是戒杀生。藏族传统的观念认为：人是有生命的，动物是有生命的，一切生物包括植物，一草一木，也都是有生命的。因此，应该像爱护人的生命一样，爱护一切生物，爱护一草一木。按照藏族传统的观念，杀生是有罪的，是万恶之首。杀人有罪，杀动物有罪。同样，践踏一棵小草、砍伐一棵幼苗，也是一种罪孽，也等于犯了"杀生"之罪，因为它们也是有生命的。

美好的愿望与严峻的现实之间，总是有距离的。前面谈到，藏族的传统文化，强调人与大自然和谐相处，有益于生态环境保护。但是，在实际生活中，人类又往往不能与大自然和谐相处，由于愚昧无知，加上科学技术不发达，生产水平低下，更为严重的是在利益驱动下，人们经常去破坏自己赖以生存的自然环境。生活在青藏高原的藏族人民，也是这样。在过去，藏族长期处于部落社会，狭隘的部落意识，使部落战争和部落之间的血族仇杀连绵不断，给藏族人民的生命财产造成严重损失，同时也使江河源头在内的整个青藏高原的生态环境受到严重破坏。

按照《格萨尔》这部古老的史诗里的描写，在黄河源头，在美丽的"岭国"——黄河和长江的源头，到处是茂密的森林，老虎、熊、梅花鹿、羚羊等各种野兽出没其间；草原上鲜花盛开，水源充足，牛羊比天上的星星还要多。

但是，到了现代，史诗中描写的这种美丽的景象再也看不到了。在黄河和长江的源头，即青海省果洛藏族自治州和玉树藏族自治州境内，大片森林已经消失，珍贵的野生动物几乎已经绝迹。

青藏高原幅员辽阔，约占我们伟大祖国领土的四分之一。那里有丰富的资源，是祖国尚待开发的一个宝地。仅以水的资源来讲，除南极和北极，从喜马拉雅山到阿尼玛卿山，辽阔的青藏高原，形成了世界上最大的天然"水库"。

科学家们预测，到了 21 世纪下半叶，水将成为最宝贵的资源。水会比油还要珍贵。

在现在的科学技术条件下，人类不可能直接利用南极和北极的水资源。因此，保护和开发青藏高原的水资源，就显得更为重要。

从这个意义上讲，充分挖掘和弘扬《格萨尔》和藏族优秀的传统文化中关

于保护环境的观念，并与现代科学技术知识，很好地结合起来，对做好青藏高原、首先是江河源头的生态环境的保护，具有十分重要的意义。这不但是生活在青藏高原的各族人民的责任，同时也是每一个中华民族成员的神圣职责和义务。

只有保护好三江源即整个青藏高原的生态环境，才能保护好牦牛赖以生存和繁殖的美丽草原。

《松巴辂牛宗》里关于"招央"的描述：

རྒྱལ་མཆོག་རིན་པོ་ཆེ་ཡིས་གཞུ་མོ་ར་ཀྲོང་འཁྱིལ་བའི་སྟེང་དུ་མདའ་མོ་ཡང་གི་ཞིང་དམར་བཞག་སྟེ་གཏེར་འབྱེད་པའི་བཀྲ་ཤིས་གཡང་གི་མགུལ་གླུ་འདི་བཞེས་སོ། །


གླུ་ཨ་ལ་ཐ་ལ་ཨ་ལ་རེད། །
ཐ་ལ་མོ་གླུ་ཡི་ལེན་ལུགས་རེད། །
དུས་དེ་རིང་ལྷ་ཞིག་འབོད་ལེ་འདི། །
རྣུབ་བའི་ཆེན་ཆོས་སྐུའི་ཞིང་ཁམས་ཀྱི། །
མགོན་འོད་དཔག་མེད་ལ་གསོལ་བ་འདེབས། །
མ་འགྲོ་དྲུག་བདེ་བར་འགོད་པར་ཤོག །
ཤར་རི་བོ་ཏ་ལའི་ཞིང་ཁམས་ནས། །
མགོན་སྤྱན་རས་གཟིགས་ལ་གསོལ་བ་འདེབས། །
བདུད་མ་རུང་འོད་རྒྱུ་འདུལ་བར་ཤོག །
རྒྱ་གོང་མའི་འགྲོ་དོན་འགྲུབ་པར་ཤོག །
ས་འདི་ས་རོ་མ་ཤེས་ན། །
ཁུལ་པ་མཐའ་ཡི་ས་ཆ་ཡི། །
ཉི་ལུང་རྒྱ་ཁ་གོང་མ་རེད། །
རྟ་མཆོག་བྲག་གི་མར་གཤམ་རེད། །
ང་དང་ང་རོ་མ་ཤེས་ན། །
བོད་འཇོམ་སྐྱིད་ས་གཞི་ཡངས་པ་ལ། །
བདུད་མ་རུང་རང་དགར་སྐྱོང་བའི་ཚོ། །

ཕྱོགས་བཅུའི་སངས་རྒྱས་བཀའ་གྲོས་མཛོད། །
བདུད་མི་བཟན་འདུལ་བའི་སྐྱེས་བུ་ཞིག །
གོང་མ་ལྷ་ཡི་བཀའ་ཐབ་ལྟར། །
ང་བུ་ཏོག་མི་ཡི་ཡུལ་དུ་འོང་། །
སྦྱིང་ལྷ་རྒྱུད་དཀར་པོའི་གདུང་རིགས་ལ། །
གི་སར་སྐྱེས་བུ་དོན་འགྲུབ་ཟེར། །
བདུད་དགྲས་ཡོད་ཐམས་ཅད་ཆམ་ལ་ཐབ། །
དགྲས་མེད་ཐམས་ཅད་སྒྱལ་པས་བཏུལ། །
གོང་མ་ལྷ་ཡི་བསྐུན་དོན་སྒྲུབ། །
མགོ་ནག་མི་ཡི་འགྲོ་དོན་སྒྲུབ། །
དེ་རིང་བཀྲ་ཤིས་ཉི་མ་ལ། །
བོད་འཛམ་སྦྱིང་སྐྱི་དོན་འགྲུབ་པ་ལ། །
སྦྱིང་ལྷ་དཀམག་སུམ་པའི་ཡུལ་དུ་སྦྱུངས། །
སུམ་ཁྱུ་མོ་ལྷ་སྟེའི་ཁོངས་སུ་བཅུད། །
སྒྲར་ཡང་ལྷ་ཞིག་འབོད་ལེ་འདི། །
ཐར་ཀླུ་རྒྱལ་སྒྲོམ་ར་ལྷ་ཡི་སྟེ། །
ཀླུ་རིགས་སུམ་བརྒྱ་དྲུག་ཅུག་བསྐོར། །
དེ་རིང་སྐྱེས་བུའི་གྲོགས་ལ་བྱོན། །
སུམ་པའི་མཛོ་གཡང་འབེབས་རོགས་མཛོད། །
སྟོ་འཛམ་བུ་མཐོ་རིས་ལྷ་ཡི་སྟེ། །
ལྷ་རིགས་སུམ་སྟོང་དྲུག་བརྒྱས་བསྐོར། །
དེ་རིང་སྐྱེས་བུའི་གྲོགས་ལ་བྱོན། །
སུམ་པའི་མཛོ་གཡང་འབེབས་རོགས་མཛོད། །
ནུབ་ཀླུ་ལྷ་གིར་འཛོ་གཉན་གྱི་སྟེ། །
གཉན་རིགས་སུམ་སྟོང་ལྷ་བརྒྱས་བསྐོར། །
དེ་རིང་སྐྱེས་བུའི་གྲོགས་ལ་བྱོན། །
སུམ་པའི་མཛོ་གཡང་འབེབས་རོགས་མཛོད། །

བྱང་རིན་ཆེན་གཏུག་ན་སྨྲ་ཡི་རྗེ། །
སྨྲ་རིགས་སུམ་བརྒྱ་དྲུག་ཅུས་བསྐོར། །
དེ་རིང་སྐྱེས་བུའི་གྲོགས་ལ་བྱོན། །
སུམ་པའི་མཛོ་གཡང་འབེབས་རོགས་མཛོད། །
སྟེང་དགུ་ལ་ལྷ་ཡི་གཞལ་ཡས་ནས། །
ལྷ་ཆེན་ཚངས་པ་དཀར་པོ་ལ། །
ལྷ་འཁོར་བྲི་བ་ས་ཡས་བསྐོར། །
དེ་རིང་སྐྱེས་བུའི་གྲོགས་ལ་བྱོན། །
སུམ་པའི་མཛོ་གཡང་འབེབས་རོགས་མཛོད། །
བར་གནས་རི་ཤེལ་དཀར་གུར་ཁྱིམ་ནས། །
གཉན་ཆེན་སྨྲ་ལྷ་གཡེར་འཛོ་ལ། །
གཉན་དམག་ཁྲི་འབུམ་དྲུག་བརྒྱས་བསྐོར། །
དེ་རིང་སྐྱེས་བུའི་གྲོགས་ལ་བྱོན། །
སུམ་པའི་མཛོ་གཡང་འབེབས་རོགས་མཛོད། །
འོག་ཕྱོགས་མཚོ་ཡི་གྲོང་དཀྱིལ་ནས། །
སྨྲ་རྒྱལ་གཏུག་ན་རིན་ཆེན་ལ། །
སྨྲ་དམག་ལྷ་སྲོང་སུམ་བརྒྱས་བསྐོར། །
དེ་རིང་སྐྱེས་བུའི་གྲོགས་ལ་བྱོན། །
སུམ་པའི་མཛོ་གཡང་འབེབས་རོགས་མཛོད། །
དགྲ་ལྷ་སྲོང་དང་ཕྱིར་མ་འབུམ། །
ཕྱོགས་བཞིའི་མཚམས་བརྒྱད་ཀུན་ནས་སྲུང་། །
མ་ཤོར་ལྷ་ཡི་སྲོང་གྲོགས་མཛོད། །
མདའ་སྟེ་གཉན་སྣག་དམར་པོས་འཚོས། །
བྲག་སྐྱོ་སྲང་ཞེ་འབྱེད་པར་ཤོག །
མཛོ་གཡང་ལག་ཏུ་ལོན་པར་ཤོག །
མཛོ་གཡང་བོད་དུ་དར་བར་ཤོག །

**作者简介**

降边嘉措，藏族，四川省甘孜藏族自治州巴塘县人。1950年8月参加中国人民解放军，1951年随军进入拉萨，参加了进军西藏、解放西藏的全过程。1954年5月到内地，9月到西南民族学院学习。

1956年9月调入北京，在中央民委翻译局担任翻译，1958年翻译局与民族出版社合并，从事藏文翻译和编辑出版工作，直到1980年。在长达24年的时间里，主要从事马列著作、毛主席著作以及党和国家重要文献藏文版的翻译出版工作。参加了藏文版《共产党宣言》第一版、《毛泽东选集》（1—5卷）、《毛主席诗词》和《红旗》杂志以及党和国家重要文献的翻译出版。

与此同时，担任了党的八大至十一大、全国人大、全国政协，以及其他全国性大会的翻译工作。这期间，曾为达赖喇嘛、十世班禅、喜饶嘉措大师、阿沛·阿旺晋美等民族、宗教界上层人士担任翻译。

1980年发表长篇小说《格桑梅朵》（汉文版），这是藏族文学史上的第一部长篇小说。1981年发表藏文版《格桑梅朵》，作者努力用双语进行创作。这在我们统一的、多民族大家庭，具有重要意义。

1980年报考中国社会科学院民族文学研究所并被录取，成为我国第一个藏族副研究员。1981年1月调到该所，主要从事藏族文学的研究和翻译工作，重点是藏族英雄史诗《格萨尔》的研究和翻译，是这一项目的负责人和学科牵头人。以后一直担任研究员和博士生导师，同时进行文学创作和关于当代西藏问题的研究工作。

# 难忘江源

梅 卓

　　年终岁末之时，总会习惯性地自问：这一年的时间都去哪儿了？ 2016，对我来说，第一个想到的，也是最重要的，就是牦牛。

　　一年前，好友当周先生介绍我认识了玉树藏族自治州农牧局才仁扎西局长，他那天刚下乡归来，还带着疲倦的神色，但一谈起牦牛，整个人精神焕发起来，眼睛里炯炯有光，手也舞之，足也蹈之，描绘着他脑海里的那一幅梦想的画卷，那幅画卷在他的讲述中，在当周的注释和点评下，逐渐清晰起来，原来他们要拍摄一部关于牦牛的电视纪录片，力邀我加入团队，做些文稿工作。

　　能不能抽出时间？ 能不能做好？ 在我犹豫不决时，才仁扎西局长已经替我拿定主意：就这么定了。他说牦牛是半野生半原始的珍稀动物，与北极熊和南极企鹅并称为"世界三大高寒动物"，尤其在青藏高原，与藏族的政治、经济、文化发展有着密不可分的关系；青海省着力打造"世界牦牛之都"，而玉树藏族自治州的牦牛存栏数达到全省的 37%，资源优势和潜在价值不可估量；推广牦牛的提纯复壮工程，更是一项利国利民的长远良策，一头质优的野血品种牦牛能够体现三头的价值，不仅能减少载畜量，极大地恢复草原生态平衡，也能提高牧民收入，进而探索合作化、产业化的发展模式，实现全面小康的目标，

更能减轻劳动力，把牧童们解放出来去专心读书，学习更好的技术来报效家乡，未来的游牧文明也能得以继续。同时，宣传牦牛文化，感恩牦牛精神，让全国和世界了解藏民族的精神之宝、财富之宝，扩大牦牛的资产价值和品牌效应，促进一二三产的融合，发展牧游业，开拓更广的文化空间和产业市场……他滔滔不绝地表达着牦牛情怀，挚爱牦牛、挚爱民族传统文化的精神深深地打动了我。

才仁扎西局长做起工作来雷厉风行，没过几天，他就安排昂文旦巴副局长带领这个团队前往西藏牦牛博物馆学习取经，纪录片总协调当周先生、音乐创作者扎西多杰先生、主题歌创作者仁青先生和我一行人来到拉萨，有幸获得牦牛博物馆馆长吴雨初先生和文史专家索南航丹先生的指教，满载着心得体会回到玉树。

此时，由摄影师郑义先生为首的摄制组也组建完成，才仁扎西局长陪伴我们进入曲麻莱与可可西里交界处进行踩点。紧接着就是新年前的腊月，最寒冷的季节里，农牧局的院子里却热气腾腾，各种越野车和设备整装待发，才仁扎西局长和他的副手昂文旦巴、孔庆明、郭朝晖、杨义朋、李万业以及农牧局的同事们里里外外帮忙招呼，摄制组正式入驻片场，开始了为期一年的拍摄工作。

极地在召唤我们，牦牛在召唤我们。

曲麻河乡昂拉村一社的热嘎老人家作为州农牧局四十户良种繁育示范点之一，在家养牦牛的劣质淘汰、异地串换、良种推广方面交出了出色的答卷，他又是第一批搬迁到杂日尕那山区野牦牛交汇地的牧民，繁育野血有着丰富的经验，因此他和他家的牦牛成了纪录片的主人公。

那条路真是漫长啊，最好的越野车也要颠簸跋涉整整一天。重复多次走那条路不仅是工作之需，也一次次成为冒险之旅，狼群公然穿过车前，引颈回望的眼神里充满挑衅，野牦牛更是在某个隘口突然出现，那霸气天下第一，简直就是一夫当关万夫莫开，汽车不知怎的就掉进冰河里，无奈地捞出汽车，只有后退另觅他路的份儿。

好不容易在傍晚赶到热嘎老人的家，我们发现这个地方没有手机信号，与外界完全失去联系，最初的不适应之后，反而安静了下来，仿佛是一个暂时的世外桃源，我们与大自然相处，从最初只能听见自己粗重的呼吸、快速的心跳，到逐

渐能够听到风吹过山岗、雪落在荒原，感受澄澈如洗的蓝天、繁星密布的夜晚，这里离天最近，这里也离心灵最近。

才仁扎西局长曾在曲麻河乡担任过领导职务，他对这块土地的山河道路、草场牛羊了如指掌，途经之处见到的牧人几乎都认识，都要下车贴脸行礼、嘘寒问暖，充满了真挚的感情，他常说他是牧民的儿子，心中深爱着牧民，关心他们的疾苦，为他们做点实事，就是自己最大的幸福。

摄制组先后六次进入曲麻莱腹地，在海拔 4 800 米左右的杂日尕那山区来回奔波，走遍了热嘎老人的冬牧场和夏牧场的每条山谷，经历了零下 30 摄氏度的寒风暴雪，亲见了各拉丹冬的磅礴冰川，穿越楚玛尔的红色河流，远眺嘎朵觉悟的神圣之巅，我们与野牦牛零距离接触，与藏羚羊相伴而行，与野马一起奔腾，与狼群高清对视……更重要的是，我们与热嘎老人一家同吃同住，与老人一起为牛犊降生而喜悦，也为牦牛死亡而伤感，我们在牛毛帐篷和板房里感受到简朴的游牧生活，也接近了牧人内敛而丰富的精神世界。

的确，热嘎家的生活对于来自北京的摄制组成员来说，有诸多的不适应，当饮水只能从远方冰河中凿冰回来煮开时，漂亮的女导演李莹媛便不知道该如何完成每天洗脸洗脚的任务，城市习惯只能改变，她说有一阵甚至一个星期都忘了洗脸是什么感觉，忘了蔬菜是什么滋味。这支年轻的队伍非常敬业，吃苦精神令人难忘，常常在齐膝深的大雪里一站就是一天，爬冰卧雪是必修课，连航拍器都因"缺氧"从半空一头摔下来牺牲了。李莹媛作为唯一的女性，却从来没有喊过一声累，为了一个镜头，可以争执几个小时。从杂日尕那出来，看他们被烈日晒得几近脱形，摄像师赵光辉任务最重，白天拍摄，晚上还得把所有影像资料输入电脑，一年下来瘦了十斤，曾经拍摄过南极冰川的摄像师张东却在这世界第三极的地方被冻伤，摄像师王伟克服严重的高原缺氧反应，坚持拍到最好的镜头……

从头到尾一直陪伴摄制组的昂文旦巴副局长是最辛苦的农牧局代表，他有股一得任务，必坚持到底的严谨劲儿，严格执行才仁扎西局长的工作安排，认真保障摄制组的后勤和安全，对接曲麻莱县农牧局、曲麻河乡党委，对接当地

老百姓，不善言辞的他安排起工作来却思路缜密、有序不紊，常常事无巨细、亲力亲为。他每天第一个起床生火，等房间里暖和起来才叫醒队员，督促主妇尽量改善伙食，保证营养，让摄制组无后顾之忧；查勘地形、往返采购，他在凌冰砺石中为摄制组铺平前站，没有半点怨言。尤其是春季产仔期时，担心拍不上镜头，他半夜排班，紧盯着临产的母畜，一盯就是一夜，最长的一次盯班持续了 21 天，直到牦牛产下幼仔、拍到镜头为止。认真负责的他一直执着地坚守在工作岗位上，甚至母亲过世时都没来得及见上最后一面……

还有曲麻莱县人大活泼主任和洛松才仁副县长数次陪同，真心实意、尽其所能地帮助我们；县司法局扎西多加副局长文史知识丰厚，答疑解惑，提供了珍贵的素材；州农牧局生态畜牧业办公室主任索南元旦，有着良好的藏文化底蕴，为摄制组翻译、介绍当地风俗；司机成林江措、多杰热旦不辞劳苦，经常饿着肚子扛着机器漫山遍野寻找最佳机位；县卫生局长江永身患重感冒，仍然坚持陪同团队前往高寒之地，保证团员健康安全；曲麻河乡经济社会发展服务中心主任尼达沉默寡言，但吃苦耐劳的精神却不甘人后。

县农牧局永江局长的办公室是每次过往的必停之地，他和曲麻河乡党委尕塔书记克服重重困难，精心策划组织"野血烈焰游牧文化节"，为纪录片拍摄提供了宏大的场景；其中特意安排在黑牦牛帐篷中举行的"游牧文化高峰论坛"更是汇聚了一流专家，洛桑·灵智多杰先生、吴雨初先生、宗喀·漾正冈布先生、苏海红女士等，与当地学者和畜牧工作者就游牧文化与生态文明、牦牛产业进行了深入细致地探讨，把脉问诊，寻求发展之路；还有将军画家敬庭尧先生当场挥毫，为"野血烈焰"留下了浓墨重彩的一笔。

忽然明白，这个团队不仅仅是摄制组本身、农牧局一个单位，还包括曲麻河乡的老百姓，热情周到的色吾加一家、已故老支书才周女儿女婿丹增卓玛、色南夫妇等。此外，还包括玉树州热爱牦牛文化、执着弘扬民族精神的领导和干部们，州委吴德军书记多次听取纪录片进程的汇报，要求尽善尽美地呈现"玉树牦牛"这个享有国家地理标志产品的品牌，宣传好玉树的"绿色发展"，确保三江源头"一江清水向东流"。也忽然明白，牦牛"憨厚、忠诚、悲悯、坚韧、勇悍、尽命"的

珍贵品格，正是玉树人民的高原精神的真实写照。由于他们无私的协作和参与、积极的支持和鼓励，使得摄制组在横跨三年、累积达到 136 天的工作时间里，顺利完成拍摄任务，把"世界牦牛看青海，青海牦牛看玉树"的豪迈之情永远定格在历史的记忆之中。

这一年，我陆续翻阅了多种图书和资料，采访了多位牧人和种畜场职工，记录了笔记，保存了录音，碰头会、对接会、讨论会开了无数次，在学习过程中，对牦牛的自然属性、文化特征和产业发展有了初步的了解，增长了见识，体会了牧人的辛劳和梦想，能为牦牛这种温顺而又坚韧、为人类奉献一生的伟大动物写出只言片语，是我的荣幸。

这一年，我心怀感恩，我要感谢才仁扎西先生、热嘎老人一家和所有帮助过我的人，我要感谢杂日尕那山峦、楚玛尔河和冬季的漫天风雪、夏季的草长莺飞，我要感谢牧场的星光和温暖的帐篷。归根结底，我要感谢牦牛，因为这一切，都是牦牛给予的福田。

**作者简介**

梅卓，女，藏族，一级作家，青海省作家协会主席，中国作家协会全委会委员，享受国务院特殊津贴专家，全国文化名家暨"四个一批"拔尖人才。主要作品有长篇小说《太阳部落》《月亮营地》《神授·魔岭记》，小说集《人在高处》《麝香之爱》，散文集《藏地芬芳》《吉祥玉树》《走马安多》《乘愿而来》等。曾获全国百千万人才工程奖、全国少数民族文学骏马奖、庄重文文学奖等。

# 七色牦牛

金色牦牛 ཚེར་ཁལ་པ།

黑色牦牛 ཚེར་རོག་པོ།

褐色牦牛 ཚེར་གྱི་པོ།

青色牦牛 ཚེར་སྔོ་པོ།

花色牦牛 ནོར་ཁྲ་བོ།

白色牦牛 ནོར་དཀར་པོ།

棕色牦牛 ནོར་རོག་པོ།

# 初生牛犊

瑞珊

憩息

奔跑

欢腾

# 牦牛的传说

梅 卓

在古老传说中的三江源　　　　　江河从此浩荡千年
神圣的牦牛是大地的祖先　　　　你的名字是我的摇篮
智慧的双眼化成了日月　　　　　因为我已与你血脉相连
日月从此明亮高悬　　　　　　　你的力量是我的尊严
英雄的骨骼化成了高山　　　　　因为你已为我义盖云天
高山从此雄壮连绵　　　　　　　你的繁荣是我的心愿
柔软的皮毛化成了草原　　　　　因为我要与你永葆家园
草原从此壮丽辽远
浓烈的血液化成了江河

# 野 血

主题曲

词：梅 卓
曲：扎西多杰

2/4 4/4

1=G

较自由

稍快　　　　慢

ff　fff　ffff　pp　fff　ffff　pp

1=58

这 是 一 个 冰 雪 覆 盖 的 世 界　这 也 是 一 个
充 满 温 馨 的 世 界　嗯～～～～～　嗯～～～～～　嗯～～～～～
嗯～～～～～　嗯～～～～～　嗯～～～～～　这 是
一 个 生 机 盎 然 的 世 界　这 也 是 一 个
信 守 诺 言 的 世 界　这 是 一 个 人 神 共 居 的
世 界 这 也 是　一 个 充 满 感 恩 的 世
界

1=63

ff

fff

雍

花丛中的母牦牛

第二章　专家论牦牛

　　牦牛是玉树牧民家养的主要牲畜之一，也是草地畜牧业的主体畜种，其产业发展历史悠久、影响深远，在保持牧业生产、保障牧民生活和保护牧区生态中发挥了举足轻重的作用、具有不可替代的地位。玉树，史称西羌牦牛种地，被史诗传唱为牦牛元祖之乡。全世界 1 400 多万头牦牛，95% 分布在我国以青藏高原为中心的西部海拔 3 000 米以上的高寒地带，青海牦牛数量约占全国总量的三分之一，而玉树牦牛数量占全省总数的 38%，是名副其实的牦牛之地。

# 牦牛驮载的西藏历史和文化

吴雨初

在西藏牦牛博物馆的大堂，悬挂有一幅藏式匾额，由中国美术家协会主席、中央美术学院院长范迪安先生书写："牦牛驮载的西藏历史和文化"，昭示着西藏牦牛博物馆的办馆宗旨和理念。

显然，西藏牦牛博物馆不是一座动物博物馆，展示和研究的也不仅仅是牦牛，而是牦牛作为一个载体，它与藏族、与藏族历史之间的关系。

我们创建牦牛博物馆的初心，就是想澄清一个问题——究竟什么是青藏高原的象征？有一些人提起西藏，就联想到藏传佛教、联想到寺庙、联想到披着绛红色袈裟的喇嘛，似乎宗教成了西藏唯一的象征。实际上，佛教传入西藏只是公元 7 世纪的事情。那么，在此之前，青藏高原就没有自己的文化吗？很显然，这是一个误区、一种误导。

所谓文化，从更高的意义上，是生产方式、生活方式的总和。我们沿着牦牛被驯化、被畜养、被广泛利用，以及被产业化、被精神化这样一条线索，就会发现，牦牛才是藏族生存、生产和生活的物质基础，由此形成的文化，才是高原人民创造历史和生活的正宗。

　　如果从牦牛来追溯高原的历史，我们可以把牦牛的驯化作为一个重要视点。从现在可以看到的资料，将野牦牛驯化成家养牦牛，大约可以追溯到 4 500 年到 3 500 年前，与考古界发掘的古陶器的年代比较接近。可以认为，藏族可能正是在那个年代，由一个自在的族群变为一个自为的族群。这已经远远早于吐蕃早期第一代赞普聂赤赞普的年代（约公元前 2—1 世纪）。最新的血液分子研究成果认为，牦牛驯化的年代可能在距今 7 300 年前，如果那样，历史还要改写，当然，这需要科学界和考古界找到更多的研究证据。近年来，考古界在藏北申扎县的尼阿底发现高原古人类遗址证明，大约在 3 万年前，就已经有人类在高原活动。而在西藏牦牛博物馆展出的一具野牦牛头骨，经碳 14 鉴定，距今大约有 45 000 年，这无疑表明，牦牛要早于人类生存在青藏高原。牦牛在高原的存在、演变和驯化，为我们认识高原和高原族群的历史提供了重要的线索，也提供了丰富而辽远的想象。

　　美国学者乔治·B. 夏勒说："人类对野牦牛的看法混合了想象和现实。就我看来，野牦牛象征着广阔无垠的羌塘，成为这一地区的象征符号。"

　　在有文字记录之前，我们暂时只能从岩画、器物来推测、想象高原和高原族群的历史。研究者一般认为，广泛分布于青藏高原的岩画，应该是距今 4 500—3 500 年新石器时代的作品。我们无从知道这些岩画的作者是谁，也难以揣测这些高原先民留下这些岩画的意图，但我们可以看到，在阿里日土、藏北高原、通天河等地区的这些岩画题材中，牦牛占据了多数的、重要的位置。从这些岩画牦牛中，我们可以感受到其中蕴含的信息，即那个年代，牦牛已经在高原先民的生存和生活中，成了重要的内容。在那些岩画中，高原先民驱使着已经被驯化的牦牛长途跋涉，虽然我们不知道他们从哪里来、到哪里去，但可以肯定的是，牦牛已经成为他们在大自然中生存的伙伴。难以想象的是，他

们是如何把凶猛的野牦牛驯化成家牦牛的，那其中需要高原先民多么巨大的力量和多么出色的智慧。

藏族驯养了牦牛，牦牛养育了藏族，这是我们人类文明宏伟进程中一个独特的传奇故事，也是高原族群应当引以为傲的故事。

现今山南市的雅砻河谷被认为是藏族的发祥地，藏族最早的先民的部落，被称为"六牦牛部"。在遗存至今的藏族最早的宫殿——雍布拉康的壁画上，还画着牦牛的图案。据敦煌古藏文文献记载："天神自天空降世——墀聂墀赞也，来做大地父王，父王来到人间。当初降临神山之时，须弥山为之深深鞠躬致敬，树木为之奔驰迎接，泉水为之清澈迎候，石头石块均弯腰作礼，遂来做吐蕃六牦牛部之主宰也。"在《王统世系明鉴》中记载，第七代赞普止贡赞普与大臣罗旺达孜决斗，被罗旺用计谋杀死，篡夺了王位，并将其王妃流放牧马。这位王妃在牧场上梦见与雅拉香波山神化身的白衣人交合，醒来时看见一头白牦牛。之后，王妃生下一个血团，王妃便把血团放到一个野牦牛角中，从中孵出一个男孩，这个男孩便是西藏历史上著名的"七贤臣"之一：茹列杰。茹列杰后来发明了冶炼术、二牛抬扛稼耕术、熬胶术。牦牛作为耕作工具、沿袭两千多年的二牛抬杠术，就是从这时候开始的。

牦牛给高原人民提供的首先是生存生活的物质基础。我们可以用"衣、食、住、行、运、烧、耕"这七个字来概括。

牦牛肉、牦牛奶具有高蛋白、低脂肪的特点，是牧区藏族人民的主要营养来源，造就了高原人民强壮的体魄，甚至在《吕氏春秋》中就有记载："牦象之肉，味之美也。"牦牛毛、牦牛绒也是上好的纺织原料，可以织成帐篷、衣物。黑色的牦牛毛帐篷是千百年来牧人的家，用牦牛毛编织的帐篷，天晴时毛线会收缩，露出密密麻麻的小孔，透进阳光和空气；雨雪之时，毛线会膨胀，把雨雪挡在外面。牦牛皮是上好的皮革原料，被制成各种生产生活用品。西藏医药古籍《四部医典》《蓝琉璃》对牦牛在藏医药中的作用多有记载，认为其"具有上千种强体养生之功效"。牦牛角、牦牛骨，有的被制成挤奶容器，有的被制成骨针工具，还有的被雕刻成宗教法器，被制成工艺品，寺庙里使用的酥油

灯中的酥油基本上是从牦牛奶里提炼的。

散发着牧草清香的牦牛粪曾经是牧区的主要燃料，陪伴着高原人民度过了漫漫长夜和凛凛寒冬。汉族有一个成语叫"薪火相传"，高原牧区没有薪木，而是靠牦牛粪。青海省果洛藏族自治州久治县牧民兰则拍摄了一部纪录片《牛粪》，真实地记录了牛粪在牧区生活中的作用。兰则说："没有牛粪的日子将是我们自我遗失的日子，是给我们生活带来灾难的日子，也是我们与大自然为敌的日子。到那时，我们的慈悲心与因果观、善良的品性都将离我们远去。"

牦牛作为高原的运输工具，至少可以追溯到 2 000 多年前。在西藏阿里的象雄遗址处就曾发现牦牛驮鞍的残片。2 000 多年来，牦牛驮着牧人的家，四处游牧，甚至在古代战争中，牦牛还成为勇士们的坐骑。就连如今人们在攀登珠穆朗玛峰时，也是先由牦牛把登山物资驮运到海拔 6 500 米的前进营地。

"二牛抬杠"是高原传统耕作的主要方式。虽然今天农耕已经多数实现了机械化，但在每年春天的开耕节，青藏高原的农民还是习惯赶着披红戴绿的牦牛来开始一年的农耕。

在藏族与牦牛相处的几千年中，牦牛不但是一种物质现象、生产生活方式，而且逐渐进入了人们的精神世界，成为牦牛文化。牦牛文化是指在牦牛背上驮载的文化。这既包括历史文化、畜牧文化、器物文化、丧葬文化、生态文化，也包括了藏族的文学、艺术、音乐、舞蹈等审美文化，还涉及宗教和哲学文化。

早在西藏原始宗教——苯教中，就有这样的传说：当世界第一缕阳光照耀到冈仁波齐时，便有了第一头牦牛。冈仁波齐是早期苯教、佛教、印度教、耆那教四大宗教共同的神山，也是人们常说的须弥山，被认为是世界的中心。人们传说冈仁波齐的山褶，就是牦牛的背脊。这个传说充满了对于早期世界的想象，充满了对牦牛出现的好奇。

牦牛这一形象甚至进入了藏族创世纪传说。在藏族广泛流传的《斯巴宰牛歌》中有："牦牛的头颅变成了高山，牦牛的皮张变成了大地，牦牛的尾巴变成了江河。""斯巴"是宇宙或宇宙大神的意思。在大胆、夸张的想象中，牦牛俨然成为这个世界的统治者。在藏族英雄史诗《格萨尔》当中，也有关于牦牛

诸多的描述和歌颂。

高原人民用各种艺术方式,把牦牛的记忆留在历史当中。在西藏、新疆、青海、甘肃交界的若尔盖出土了部分金质野牦牛饰物。据考证,"若尔盖"的意思是北方牦牛之地,这件物品被认为是汉代时期的作品,为国家一级文物。1973年甘肃省天祝藏族自治县出土的青铜牦牛,重达80公斤。这件作品造型古朴,气势雄浑、结构严谨,后来被专家鉴定为吐蕃时期的作品,是国家一级文物。

13世纪,藏传佛教萨迦派第5位祖师、元代帝师、著名的宗教领袖、政治家和学者八思巴·洛追坚赞(1235—1280年),曾写下一首《牦牛赞》:"体形犹如大云朵,腾飞凌驾行空间,鼻孔嘴中喷黑雾,舌头摆动如电击,吼声似雷传四方,蹄色恍若蓝宝石,双蹄撞击震大地,角尖摆动破山峰,双目炯炯如日月,恍惚来往云端间,尾巴摇曳似树苗,随风甩散朵朵云,摆尾之声传四方,此物繁衍大雪域,四蹄物中最奇妙,调服内心能镇定,耐力超过四方众,无情敌人举刀时,心中应存怜悯意。"

这首诗从头到尾、从角至蹄,对牦牛赞美不已,"此物繁衍大雪域,四蹄物中最奇妙"。作为一名宗教领袖,八思巴大师还不忘提醒,"无情敌人举刀时,心中应存怜悯意"。

在以文学形式赞颂牦牛的作品中,又以珠穆朗玛峰脚下的绒布寺每年萨嘎达瓦节期间举办的牦牛放生仪式上的说唱最为经典。说唱词是由15世纪绒布寺上师扎珠·阿旺单增罗布首创的,流传了几百年。比较特殊的是,在这个宗教节日期间,所有活动都是由僧人主持的,唯有牦牛礼赞这项活动是由俗人,也就是由放牧牦牛的牧民主持。这个仪式先要调集40多头牦牛,再从中选取7头毛色不同的牦牛,赞颂主持人先在牦牛腰椎上面用线缝上不同色质和写有不同经文内容的经幡。之后,由赞颂主持人一边唱着《牦牛赞》,一边在牦牛身上用朱砂画画,并在牦牛角头、角腰、角尖、额头、眼部、耳部、鼻梁等部位涂抹酥油。最后,给牦牛喂食糌粑、青稞酒等,在"咯咯嗦嗦"声中,圆满结束《牦牛赞》的唱诵。

在西藏许多著名的寺庙圣地,包括布达拉宫、大昭寺、萨迦寺、哲蚌寺、

古格王朝遗址、东嘎皮羊遗址，那些千年遗存的壁画当中，都绘有牦牛的图案。其中布达拉宫的一幅壁画，讲的是在莲花生大师的开启下，人们从猎获的野牦牛的嘴唇的咸味，发现了北方高地的盐湖，此后人们就到那里驮盐了。在西藏的牧区乡村，到处都有挂在门楣上的牦牛头、绘在墙壁上的牦牛画、刻在山野上的牦牛图，这些都有镇魔避邪的作用。

因此，除了"衣、食、住、行、运、烧、耕"，牦牛文化还涉及高原的"政、教、商、战、娱、医、文"。经常有人问我，牦牛在高原的作用，与黄牛、水牛在农耕文化中的作用有什么区别？我认为，黄牛和水牛在农耕文化中发挥了巨大的作用，其影响我们可以从鲁迅先生"俯首甘为孺子牛"的诗句感受得到。但是，像牦牛这样对高原人民的物质生活和精神生活的方方面面产生如此深刻的影响，尤其对比较偏重精神生活的民族而言，正如一位藏族学者曾写道："对于高原人类而言，牦牛是永远的祖先，是祖父母，是兄弟姐妹，是子女，是朋友伙伴，是邻家亲戚朋友……"这样的关系是人类史上所罕见的。

牦牛的确见证、驮载了青藏高原几千年的历史和文化，在中国现代历史中，特别是在中国革命和建设的历史上，也发挥了不可替代的作用，我们称其为"功勋之舟"。进军西藏的十八军老同志魏克用过一个词非常贴切："无言的战友"。的确，牦牛伴随着我们在中国革命和西藏解放当中，像是我们的战友一样，只是它不会说话。

牦牛与中国革命的关系，可以追溯到中国工农红军长征的艰难岁月。在红军长征路过藏地的雪山草地之时，也是中国革命最困难最危急的关头，藏族人民赶着牦牛支援红军。中国革命胜利后，毛泽东主席曾对藏族老红军天宝同志说："你们的民族很伟大，你家乡的老百姓真好，在中国革命的危急关头，是他们帮助了我们。……所以，我曾经说过，中国革命在某种意义上说就是'牦牛革命'。""牦牛革命"，这是一个响当当的词汇，给予了牦牛极高的评价！在中央电视台大型历史纪录片《长征》中，也强调了"牦牛革命"，并说这是指以放牧牦牛为生的藏族人民进行的一场革命。

20 世纪 50 年代，人民解放军进军西藏，西藏和平解放，1959 年实行民

主改革，1965年成立西藏自治区，以及之后的保卫祖国边防和社会主义建设当中，牦牛也同样像我们的战友一样，贡献了自己的力量。1950年，遵照毛主席的命令，人民解放军进军西藏，毛主席在1950年8月24日给西南局的电报中两次提到"牦牛"。当时西藏没有公路，部队给养全部靠人背牛驮。在这个过程中，藏族群众用牦牛支援军队，发挥了最重要的作用。十八军老同志魏克撰文说："据我了解，在1954年12月25日康藏、青藏公路通车前的近5年时间里，仅康北的石渠、邓柯、玉隆、德格、白玉、甘孜等8个县即先后出动牦牛20多万头。昌都地区从1951年至1954年底，用牦牛支援运输的物资达50万驮至80万驮，两个地区的藏族人民总共参加支援运输的牦牛达100多万头次。这些牦牛，不仅默默无言地给部队运来了物资，而且还是我们在冰天雪地进军时的开路先锋！"魏克同志还说："如果说，淮海战役的胜利是人民群众推出来，那么，西藏和平解放的胜利，是党的政策的胜利，也是藏族人民用牦牛驮出来的。"西藏牦牛博物馆还收集到一份十八军后方司令部1952年初的《毛牛运输工作总结》（复制件），其中详尽地记述了牦牛在进军西藏过程中的重大作用。在进军西藏的过程中，还涌现了像曲美巴珍这样的藏族支前模范，她赶着自家的牦牛，为人民解放军驮运物资，成为至今仍被颂扬的榜样。人民解放军一边进军一边修路，在筑路过程中，也有大批藏族群众赶着牦牛支援。在西藏平叛和民主改革以及建立西藏自治区的过程中，藏族群众赶着牦牛支援人民解放军的例子也比比皆是。

20世纪80年代西藏阿里波林边防连驻防时，驻地来了一头无主黑牦牛，一直无人认领，边防战士便将其收养。这头牦牛为边防战士驮水十多年，直至衰老，战士们为其养老送终。老黑牦牛死后，边防战士为它建墓立碑，并向南疆军区为这头老黑牦牛申报并获得批准为其荣立三等功。这是全军历史上唯一授予牦牛的功勋。

在祖国建设飞速发展的情况下，仍然有极少部分地区的交通不便。在新疆红其拉甫边防哨所，至今不通公路，南疆军区有一支牦牛骑兵班，骑着牦牛冒着风雪巡逻国防线。一位军旅摄影家拍下了牦牛骑兵班巡逻国境线的照片，获

得了全军摄影金奖。

　　牦牛不但驮载了高原族群几千年的历史和文化，也是今天高原发展和变化的见证。

**作者简介**

　　吴雨初，1954 年生于江西，1976 年于江西师范大学毕业后进藏工作。1992 年调北京，曾任中共北京市委副秘书长、北京出版集团党委书记兼董事长。2011 年重返西藏，现任西藏牦牛博物馆馆长。中国作家协会会员，中国百名优秀出版企业家，中国西藏文化保护与发展协会理事，西藏自治区人民政府发展咨询委员会委员。著有《藏北十二年》《最牦牛》《形色藏人》等。

# 三江源牦牛文化资源开发研究

索南旺杰

## 一、动物文化资源的概念

动物文化是指某些动物本身具有的和其与人类生产生活有关的诸社会文化现象，这涉及众多文化领域，如语言、文学、书法、美学、绘画、雕刻、音乐、舞蹈、医药、体育等，其综合效应渗透于人类社会生活的各个方面，无论是人们的衣食住行、民族习俗或是生老病死、宗教信仰。动物文化资源是人类一笔巨大的精神财富，是社会文化的组成部分。

在人类的各大文明体系中，都有对动物赋格的表达，特别是在人类初级的宗教形式中，动物是重要的献祭物，以牺牲自我成全人类的繁衍，动物为人类的存活提供生态保障和大量的食物、工业原料、育种、实验材料等。与传统的野生动物资源相比，动物文化资源是人类对动物的各种现象所产生的复杂多样的价值观念、语用象征意义、思维形式、人生哲理和审美情趣等。它们在各民族、各地区文化中既有共性又有差异，既有交汇又有冲突，反映了不同的民族性格、心理特点和民族风情，形成了独具魅力的文化特色。

藏族的动物文化资源以青藏高原各种动物为形式载体，涵盖了历史、地理、

政治、宗教、文学、艺术及日常生活中的节庆、婚俗、饮食、姓氏、风尚礼仪等众多领域，其表现形式也是多种多样，在三江源的系列考古发现中，我们可以看到动物是先民最愿意记录和表达的记忆，特别是牦牛本身有着多元的象征意义。在三江源，藏族人则将至尊宝誉为牦牛，一个世间牲畜可以成为至尊的宝，可见牦牛在藏族人的精神世界里有着极其重要的位置。

## 二、三江源牦牛文化资源分析

牦牛作为世界仅存的三大源物种之一，享有"高原之舟"的美誉，它们是最早守望在极地的伟大生灵。青藏高原的先民拓殖高原的命运与驯化牦牛、崇拜牦牛相依相生。牦牛的血肉之躯渗透在游牧生活的衣食住行，牦牛的精神成了山地游牧民族的信仰崇拜。牦牛是青藏高原游牧文化的象征，反映出青藏高原上人与生灵血脉相惜的不解情愫。牦牛作为青藏高原的古老物种，以特殊的基因应对极端的高原气候。智慧的藏族先民，带着向自然学习的精神，以驯化牦牛为始，不断在牦牛身上获得了衣食住行的生活必需品。牦牛是藏民族的衣食父母，这份宝贵的财富被藏族人创造成独具魅力的游牧生活艺术。

（一）指尖流淌的编织技艺

生活在山地草原的牧人群体，最先遇到的挑战就是常年寒冷严苛的自然气候，牦牛绒因其特殊质地，透气保暖，成了制作衣物，防风抗寒的首选材料。心灵手巧的藏族妇女，利用细如游丝的牛绒，牛毛制作衣物及生活用品，久而久之娴熟的纺织技艺为黑帐篷、藏族服饰、卡垫等用具融入了艺术美感，经纬方寸间尽显游牧编织的独特魅力。值得一提的是，黑帐篷是牧人对空间想象的极致表达，是游走迁徙最便捷的户外居所，是牧民用编织技艺呈现的游牧民居建筑。

（二）温厚醇香的牛乳文化

"仓廪实而知礼节，衣食足而知荣辱"，文化不是与生俱来的，而是生产力发展到一定阶段的产物。丰富多彩的高原饮食文化是青藏儿女创造游牧文明

的力量根基，而牛乳文化则塑造了草原饮食文化的灵魂，养育着草原儿女强健的体魄，滋润着牧人宽厚仁德的心灵。何谓醍醐，《涅槃经》中提到从牛出乳，从乳出酪，从酪出酥，从生酥出熟酥，从熟酥出醍醐。醍醐乃是酥油，是营养含量极高的牦牛乳历经千锤百炼提炼出的珍品。浓香的酥油茶、殊胜的酥油灯、吉庆的切玛无处不体现出酥油占据了藏族精神文化层面，也成了高原乳文化的代表之一。雪顿节的命名就与酸奶直接关联，这一青藏游牧地区最具代表性的节日，传达着崇尚生命、敬畏万灵的深厚思想。

（三）生态循环的牦牛粪

藏族人对牦牛的珍视，渗透到他们对每一枚牦牛粪的充分利用。牦牛粪饼作为清洁型取暖燃料，不仅带给牧人温暖的希望，更以有机的燃烧原料保护了草原的生态环境。从研究的角度出发，牦牛粪对增加高寒草甸植物群落的盖度和高度具有显著的促进作用，牦牛粪会促进植物群落盖度明显增加。相关研究显示，在天祝高寒草地 11 月至 4 月的牦牛粪中，共鉴定出 43 种植物，平均每块牛粪中的种子数为 45 粒。

（四）游走流动的生态文明

农耕文明讲求安居乐业，强调定居文明。而与之相异的游牧文明则崇尚自由与流动。除去牧人生性不羁，与天地相依，最重要的是游牧文明的精髓一字在于"游"，转场是游牧生活的必经之途，也是牧人逐水草而居背后顺天地而生的博大智慧。牦牛转场是为了适应草场四季变化，留给草原空间和时间继续生长的循环智慧，也是为了保证自家牛羊四季有食物的仁善之举。一次转场是牧人与牛羊共同面对的冒险，是居家迁徙的团结之旅，更是牧人留给草原的尊重与守望。

（五）记忆感存的牦牛崇拜

青藏高原上土生土长的游牧民族大多数是藏族，是原始四大氏族的后裔。据史书记载，藏族原始四大氏族分别为牟吾董、色穹扎、阿嘉直、牟察嘎等。时至今日，这匹大氏族的后代确有所指，其中阿嘉直，就是牦牛氏族，主要分布在多康地区，比较集中于青海省的果洛藏族自治州一带。民间故事中说，最

先驯服野牦牛的就是"直"氏族，因此牦牛是古老藏族部落的图腾，青藏地区的藏族以此将自己作为牦牛的后代。

（六）远古铭刻的牦牛岩画

人类的早期岩画是狩猎者怀着希冀或者敬畏的心情，把与其生活密切相关的动物等形象刻画下来，这些形象可能是他们的朋友抑或敌人，但终归是现实生活的投射。岩石本就是世界上最早的绘画材料，是人们对彼时环境的记忆复刻，三江源岩画的主要母体是动物，其中牦牛占比较大，实质上牦牛岩画是三江源先民对牦牛情谊的综合表达，各民族通过各种方式传播文化，岩画就是其重要媒介之一。牦牛岩画的分布与传播说明，牦牛岩画不仅仅对其核心分布地带的青藏高原文化具有特殊意义，更重要的是它证实了青藏高原文化强有力的扩张性，它不但保持着与相邻文化的接触，还表现出与牦牛岩画辐射地带原始文化有一定的相关性，又与零星分布地带保持了更大范围的接触。

（七）赋名山水的牦牛化显

牦牛之于藏族人不仅是生命存续的物质保障，更是青藏游牧人精神崇拜的图腾。在《贤者喜宴》中提到，藏族人认为冈仁波齐升起第一缕阳光时，牦牛便诞生了。牦牛文化是青藏游牧文化的象征，牦牛精神则是藏族人世代繁衍的灵魂依靠。行至青藏，体悟牦牛文化，是遇见勇气、邂逅传奇、见证文明的魅力体验。山水赋名是藏族人山水文化中的重要部分，牦牛象征勇力、慈悲。因此，在很多山、湖的赋名中都将牦牛作为化身以表达藏族人对于山水的无比崇敬。像藏族神话传说当中最著名的雅拉香波山神、冈底斯山神、年保玉则山神等均化为白牦牛；另外一些重要山神的坐骑也是牦牛，如十二丹玛女神之一的勉几玛的坐骑便是一头白牦牛，化身牦牛或与牦牛有联系的神灵往往是藏族的原始土著神，这显然是牦牛图腾物化或神化的必然结果。

## 三、三江源牦牛文化资源开发遵循的原则

牦牛文化资源，作为青藏高原动物资源的组成部分，具有两面性，既可以满足人们的基本生活需求和文化层面的精神享受，又可以起到三江源保护宣传教育的目的，所以开发牦牛文化资源，是缓解资源利用危机的有效途径。但在有效开发野生动物文化资源的同时，在遵循体现人与动物和谐关系和野生动物保护宣传教育的前提下应遵循以下原则：

（一）生态性原则

三江源是世界上海拔最高、面积最大、湿地类型最丰富的地区，是中国冰川集中分布地之一，雪山冰川广布，河流密布，湖泊、沼泽众多，素有"江河源""中华水塔""亚洲水塔"之称。传统的生态伦理和智慧，曾在三江源的生态文明建设中起到过重要的生态文化补给作用，未来也必然对三江源的生态保护做出重要的贡献。如何用传统和现代的理论讲好牦牛的生态价值，将牦牛文化资源有效规整到传统生态知识谱系中是当下亟须推进的工作。

（二）文化性原则

牦牛资源的开发，不能一味追求产业层面的资源挖掘，牦牛的总体数量和繁育指数并不适合完全抛向市场，牦牛是三江源游牧文化系统中的重要一环，过度开发牦牛肉食资源，很大程度上也会影响到三江源草地资源的生物多样性。牦牛文化影响着三江源游牧文化的生态视角，影响着游牧群体的生产、生活、生态的思维，开发牦牛文化资源，要突出第三极高地的文化生态，坚持高品质开发，防止开发中的"低品味"和"庸俗化"倾向。

（三）参与性原则

牦牛文化资源丰富多彩，我们既要考虑游客直观的观光观受，也需重视参与游牧的劳动体验。开发参与性活动，主要靠发掘牧人与牦牛之间的生产关联、结合游牧文化内涵，与牦牛文化知识相结合，力求真实自然，强调人与自然、人与人的和谐交往，避免矫揉造作和为表演而表演的做法，淡化商业经营的气氛。要把知识性、文化性、科学性和参与性相结合，才能真正体现牦牛的文化价值，

才能吸引广大游客的兴趣。

（四）地域性原则

牦牛文化应当深扎在三江源地理、人文的土壤中，要在大的游牧文明体系中梳理它的价值，并以三江源的山水文化为依托，挖掘牦牛本身具有的区域性、传统性和民俗性，不仅要给外来游客引介牦牛的生命价值、生态功能，还需对本土的"牧二代"进行生动有效的回归教育，引导他们在现代技能和传统生产之间找到最大公约数。

**作者简介**

索南旺杰，青海省委党校、省行政学院、省社会主义学院教授，青海省佛学院兼职教授、兰州大学博士，青海高端人才创新计划拔尖人才、青海省优秀专业技术人才、高原先锋师资库入选教师、青海藏族研究会副秘书长，曾结合青藏地区社会经济发展主题为省委、中央撰写理论内参，所授专题在 2016 年被评为中央社会主义学院精品课程、青海省委党校校院"优秀专题""十佳专题"，2016 青海省党校系统教学观摩比赛教授组一等奖获得者，2018 年全省校院系统精品课获得者，2018—2019 年青海省优秀专业技术人才。在国内外公开刊物用藏汉文发表 21 篇论文，主持并参与三项国家社科基金课题、四项省部级课题。

# 玉树古代岩画中的早期畜牧表达：牦牛岩画

尼玛江才

通天河为青海省玉树藏族自治州境内的长江干流上游段，位于青藏高原东部，青海省南部，流域内岩画分布相对密集，数量丰富，据《玉树岩画——通天河卷》一书中公布的资料，截至 2016 年，流域内共发现 24 处岩画点，1 700 多个单体图像。这些岩画图像以动物作为主体，显示出玉树早期人群畜牧业较为繁荣，动物对于人们来说是重要的生产资料。

岩画是研究早期畜牧业的发展状况、畜牧方式、牲畜结构的重要途径。与其他以畜牧生产方式为主的地区不同，青藏高原有一类重要的动物是其他地区没有的，那就是牦牛。牦牛是一种高原特有动物，它适宜生活在海拔 3 000 米以上的高山草甸地区，玉树岩画中数量庞大、类型丰富的牦牛岩画为我们了解早期牦牛畜牧提供了宝贵的图像资料。

## 一、玉树牦牛岩画介绍

玉树岩画分布在通天河两岸的玉树市、曲麻莱县、称多县、治多县境内，岩画内容大致包括自然物、动物、人物、建筑、工具、符号、生殖器及其他等 8 类，

其中，动物占绝大多数，而在动物岩画中，牦牛单体图像数量最多，共计 575 幅，占岩画单体总量的 32.54%，远超其他岩画单体的数量，以玉树藏族自治州的昂拉岩画点为代表，可识别的牦牛图像有 210 幅。由此可见，牦牛岩画在通天河流域岩画中占有重要地位，流域内每个岩画点基本上都含有牦牛图像，这些牦牛图像体现着通天河流域岩画的发展脉络。

牦牛岩画与畜牧有着密切的关系，有一部分牦牛岩画是对牲畜满天星式野放的一种描绘。除此之外，还有一些较为完整的畜牧图案，画面中既有牧者乘骑放牧的场景，也有徒步放牧的形式，其中乘骑者有赶牧和领牧两种形式，而徒步放牧则为赶牧形式。牧畜的数量从一头牛到十几头牛不等。其中，觉色岩画中出现的牧单现象或许正是农牧兼营地区的典型生活写照。从岩画中散牧和群牧的不同形象中可以看出畜牧能力在量化和专业化方向发展轨迹上的一些信息。其中，量化的驯养不再是仅仅为了肉食资源，而是标志着人们学会了在畜群身上源源不断地获得乳制品、毛织品、革制品等大量日常生活需求品。

牦牛是一种适应高海拔生活的动物，将其移到低海拔地区饲养时，它就会生病、无活力，甚至失去繁殖力。牦牛的舌头可以舔到高海拔山区到处都有的苔藓植物，不怕高原季节性的草资源匮乏。当高原有难以预测的暴风雪时，成群的牦牛可以离开危险的积雪山区，对风雪、低温环境具有极强的抵抗力。牦牛是青藏高原生活和信仰的重要标志，与藏族的历史文化、社会生活有密不可分的关系。

牦牛岩画类型风格多样，有些团尾高翘，四肢呈奔跑状，且群体朝向混乱无序，似乎处于被猎捕的冲突中；有些团尾后垂，四肢静立，头部低垂，且群体面朝同一方向，似乎安然于被放牧的悠闲中。按照牦牛岩画的制作技法、图像风格，我们将其分为三类：

第一类为剪影式风格，其特点是制作技法以通体敲凿为主，牦牛体形健硕，多成群出现，场面多为狩猎牦牛、放牧牦牛、骑行牦牛。伴随剪影式牦牛出现的最常见的动物是剪影式风格的鹿，此外，还有豹、鹰、马、狼、羊等动物。这类牦牛相较于其他风格的牦牛而言，数量最多，是通天河流域岩画最早出现

的岩画风格，也是最具本土特性的风格类型，其历史贯穿整个青铜时代。

　　第二类为涡旋纹风格，其特点是制作技法以敲凿轮廓线为主，并在轮廓内凿出涡旋纹进行装饰，牦牛体形健硕，牛身饰有"S"形涡旋纹或变形涡旋纹，脊背高拱，四肢粗短，牛尾微翘，多呈奔跑状。涡旋纹牦牛数量较少，伴随涡旋纹牦牛出现的动物多为涡旋纹鹿，而且涡旋纹鹿的数量远多于涡旋纹牦牛。张亚莎在《西藏美术史》一书中，认为华丽的涡旋纹鹿不太可能是青藏高原岩画内部逐渐发展演变出来的本土风格，只能是一种异质的相当成熟的外来风格。

　　第三类为轮廓式风格，其特点是制作技法以敲凿或划凿、划磨的方式刻出牦牛的轮廓，轮廓内不见涡旋纹装饰，仅有部分图像在牦牛腹下部装饰有牛毛。

第一类牦牛图像　　　第二类牦牛图像　　　第三类牦牛图像

## 二、玉树牦牛岩画的制作年代

玉树地区早期畜牧与牦牛有着密不可分的关系，那么这些牦牛岩画在何时创作也就关系到玉树地区早期畜牧的形成。我们可以从整个青藏高原发现的牦牛相关遗存来尝试探讨玉树牦牛岩画的制作年代。

关于早期牦牛被利用的考古学证据较少，距今 3 500—3 700 年前的拉萨曲贡遗址出土了丰富的文化遗存，其中包括很多的动物遗骸，这些动物遗骸的来源一部分为人们弃置的食物残余，另一部分为完整的骨架，其中就包括牦牛。这些牦牛都属于家畜，为青藏高原早期游牧业的产物，是将牦牛驯养历史推到距今 3 700 年以前的最早的证据。昌都卡若遗址所出土的动物骨骼中，发现了牛科动物，但无法确认是否为牦牛，更无法确认是否为人工饲养或者游牧产业的存在。在距今 2 900 年前后的青海卡约文化遗址中也出土了制作精美的铜牦牛。青海的都兰诺木洪塔里他里哈遗址曾发现有类似牦牛的陶质小雕像，两角和尾部残缺，背部拱起，腹部有毛，具备牦牛的特征。且发现有牛皮制成的鞋和用牦牛毛纺成的毛线和毛绳以及有少量牦牛毛制成的毛带。除此之外，在甘肃天祝，出土有一件牦牛青铜器，身长 1.2 米，高 0.61 米，重 150 斤。造型精美逼真，保存完整。由于牦牛身上没有铭文，也没有地层和其他可以判断年代的依据，所以它的确切年代不能确定，估计年代不晚于明代初期。四川甘孜藏族自治州丹巴县文化馆中珍藏的三件陶罐上面有牦牛头的形象，但年代还是无法确定。

上文的考古学资料说明青藏高原地区的牦牛至少在距今 3 700 年就已经被驯化，包括玉树地区。以牧业为主要生计方式的藏族地区不能进行农业和其他生产方式，所以驯化牦牛就成为生存下去的重要手段，这对他们的生产生活有重大的影响。对于藏族人来说，驯化牦牛具有必要性和迫切性。这些牦牛岩画部分为狩猎场面，这些狩猎牦牛的岩画很有可能与当时驯化牦牛或者后期高原人群与牦牛产生的密切联系有关。

李永宪认为青藏高原中凡是用敲凿法制作的岩画是最早的一种作画方式，

是用金属器在石面不断反复敲凿形成的，青藏高原在距今 3 000 年就已经有比较成熟的青铜器，所以这种敲凿法岩画应大致出现在距今 3 000—2 000 年之间，不早于金属器的出现。将岩画与周边地区岩画年代与风格的关系等几个方面进行综合考察后，得出的结论是青藏岩画上限为距今 3 000 年前后，下限为距今 1 000 年之前。汤惠生认为从青藏高原岩画中已经出现的两轮马车等青铜时代的其他形象来推断，岩画应排除在公元前 5 000—公元前 1 000 年之外，既然青藏高原青铜文化和苯教是在公元前 1 000 年左右流传于青藏高原地区的，那么作为原始宗教的物态化和艺术化的表现形式，青藏高原岩画则当然是青铜时代的文化产物，与青藏高原可比较的宁夏地区的岩画也属于北方草原文化系统，综合以上因素，汤惠生认为青藏高原最早的岩画在公元前 1 000—公元前 500 年期间。之后，汤惠生又运用微腐蚀断代法对青海省海西蒙古族藏族自治州格尔木市郭勒木得乡野牛沟岩画进行断代，得出的结论为距今 3 200 年，和他综合多种因素判定的年代基本一致。由此我们可知，青藏牦牛岩画的创作上限为距今 1 000 年前后，在青藏高原早期金属时期时出现。张亚莎根据牦牛岩画的风格对牦牛岩画进行分类，并且对每个类型的特征和年代作了说明。她认为第一类剪影式的牦牛属于较早时期的岩画遗存。第二类牦牛表现样式丰富，但显得更为概念化和简易化。她认为最早的牦牛岩画应当出现在距今 3 200—3 000 年间。

综上所述，玉树牦牛岩画制作的年代不会早于距今 3 200 年，最早开始于青藏高原早期金属时代。之后牦牛岩画一直在创作中，尽管它的制作方式、表现形式和风格不一样了，但是由于牦牛在藏族文化中的特殊位置，还依然是人们所表达的主要对象。一些牦牛岩画伴生有佛教文化的内容，如塔图像、佛教吉祥八宝图像、雍仲符号等。根据这些图像的制作方式和风格内容，可以判断其年代较晚，大概为吐蕃时期，甚至更晚至吐蕃灭亡之后的分裂时期。由此可知，我们可以判断，玉树牦牛岩画的制作时间距今 3 200—800 年，中间延续了 2 000 多年的创作时间。

## 三、牦牛图像的特殊文化意蕴

玉树岩画中大量的牦牛岩画，不仅仅是单纯作为动物的写实图像存在，更反映出牦牛在藏族人生产生活中扮演的重要角色，在玉树的宗教和民俗文化中，牦牛也具有不可替代的地位和作用。

牦牛自古以来就与玉树地区神话传说、历史传记、风俗习惯、民间艺术以及宗教仪式等各个领域息息相关，牦牛也与早期活跃在羌塘草原的古代族群有着密切的关系。在早期苯教典籍中可以找到关于牦牛的神话传说，苯教创世神话将牦牛作为创世大神，它将牦牛从神幻中形成、附体，诞生、下界、降临，最后完成创造世界的壮举等九个阶段进行了逐一描述。此后，关于牦牛与高原自然与人文之间的故事便源源不断地诞生了。当时宰杀一头牦牛必须经过苯教徒念诵长经三百遍方可，否则将受到严酷的刑罚。

敦煌石窟藏文资料描写吐蕃第一位赞普聂赤赞普是从天而降，做了"六牦牛部"的领袖。吐蕃王室所崇敬的雅拉香波山神，在苯教的文献中也是以白牦牛形象出现的。佟锦华先生翻译的藏文木刻本《五部遗教》之《鬼神遗教》中写道："雅拉香波发暗雷，化为白牦牛如巨山，发狂弄塌诸山岩，堵断道路无处行；口鼻喷气霭霭如降雾，雨雪纷纷睁眼不见路。"由此可见，在很久以前，具有强大力量的牦牛形象已经成为藏族先民崇拜的对象了。在苯教文献中描写创造藏族人的神灵鼓基芒盖时说："这个神的真正的含义即他代表的最本质的东西是混沌初开时的空间，他也生自爱神和自性，繁衍自初世之卵，他下凡时一束光芒射下并消失在冈底斯山上，然后以一个白色的野牦牛的形象出现在冈底斯山背面的贝钦下凡山（dbal chen lha babs ri），那是此神下凡人间的第一个落脚点，是作为苯教的保护神而来的，名叫什巴贝钟钦波（srid pvi bdal vbrong chen po）。"当然，作为具有超强大能力的牦牛形象在藏族先民的眼里也不仅仅是威严的神灵化现。在众多的典籍和民间传说中，牦牛还时常以恶魔的形象出现在人们的精神世界里。《格萨尔王传·世界公桑之部》中描绘一个国王的魂命牛时说："当它凶暴的尾巴竖起，黑风大作，红风卷起，大树翻到。猛烈

的巨鼻呼啸后，火焰高烧，红角中间火舌喷射。凶猛的吼声里毒风弥漫，把光明的日月都遮住了。"这类描述在藏族其他口传神话和古代文学作品当中不胜枚举，而牦牛形象的亦正亦邪，正是先民对其认识过程的不同表达。也就是说，当原始狩猎时代的角逐在以山地结构为主的草原上拉开帷幕的时候，众多的野兽中，体形庞大且性格暴烈的野牦牛，以其强壮凶悍的声势，首先成为人们最大的威胁，然而，高原人类的生存渴望与勇气也时刻敦促着他们去寻找沟通和征服这些力量的种种途径。也许正是在这样的意识下，牦牛成为藏族先民最为重要的崇拜对象和征服对象，进入了他们的物质生活和精神生活。

玉树牦牛岩画

牦牛图像同样不仅是玉树岩画中最具本土特色、最有代表性的图像类型之一，在青海其他地区，以及邻近的新疆昆仑山和阿尔泰山、甘肃祁连山和黑山、宁夏贺兰山、内蒙古曼德拉山等地也都发现有少量的牦牛岩画。牦牛岩画的分布显示，它不仅在青藏高原文化中占有重要地位，且还出现在周边地区，显示出特殊的意义，这表明青藏高原与相邻地区保持着密切的关系，并且文化具有关联性。

**作者简介**

尼玛江才，男，藏族，青海玉树人。1998 年毕业于青海师范大学中文系；2002 年入北京首都博物馆进修文物鉴定学；2007 年毕业于中央民族大学文学与新闻传播学院民俗学专业；2007 年任青海民族大学藏学院玉树大专部民俗学教师；自 1990 年起在省内外各大刊物相继发表文章三十余篇；2010 年 9 月担任玉树灾后重建技术组民俗审评成员；2013 年 4 月出版藏族民俗著作《风马界》；2013 年 11 月起担任玉树博物馆馆长；2016 年 7 月编著《玉树岩画·通天河卷》；2019 年著《玉树民俗志》，主编《玉树岩画国际研讨论文集》。

# 牦牛，承载生活与文明的"高原之舟"

陈怀庆

牦牛，被称作"高原之舟"和"全能家畜"。犹如圣经中诺亚方舟拯救了人类的星星之火，牦牛因其对青藏高原极端寒冷低氧环境出众的适应能力，以强壮的身躯和顽强的意志，在地球的第三极承载起人类跨越近万年的生活与文明。

## 起　源

牦牛，包括野牦牛（Bos mutus）和家牦牛（B. grunniens），家牦牛在大约 7 000 年前从其祖先野牦牛中驯化而来。目前主流的分类方法将野牦牛和家牦牛视为不同物种，也有部分学者将野牦牛作为家牦牛的一个亚种，例如，林奈 1766 年就命名了家牦牛，而野牦牛则等到 1883 年才由普热瓦尔斯基采集到标本方才得以命名。

1895 年达尔文在《物种起源》中猜想，青藏高原上众多耐寒的动物应该起源于北极，在更新世冰河时期向南扩散到青藏高原。最新的古生物学研究给出了截然相反的"走出青藏高原"的剧情：冰河时期来临之前，地球整体

的气候相比今天要温暖湿润许多，在海拔已经与今天相差不多的青藏高原上，和牦牛一同生活的披毛犀、野马、野驴、盘羊、岩羊、雪豹、北极狐等动物的祖先，提前经历了寒冷环境的锤炼。其中熬到冰河时期的幸运儿们，扩散到了整个欧亚大陆北部，参与构成了冰河时期繁盛的猛犸象—披毛犀动物群。这个故事中，牦牛似乎只是个小角色，但在 1 万年前冰期结束时，曾经最辉煌的猛犸象和披毛犀都灭绝了，牦牛则笑到最后，成为青藏高原上现存的体形最大的动物。

## 形态和分布

野牦牛体型庞大，肩高 1.6—2.2 米，体长 2.5—3.3 米，体重 300—1 000 千克，雌性体重为雄性的三分之一至二分之一。一对硕大的犄角让野牦牛威风凛凛，犄角先从头顶向身体两侧伸展，之后折向前方，最后角尖向上弯曲。加上见谁怼谁的暴脾气，除了以多取胜的狼群和手持武器的人类，野牦牛成年之后就无所畏惧。

野牦牛四肢粗短、躯干壮硕，通体覆盖厚实蓬松的长毛，极好地适应了严寒的气候。胸腔容积大（比其他牛属物种多 1—2 对肋骨），心肺功能强健（非高原物种在高原长期生活易患上肺动脉高压和右心肥厚），肺泡数目多，红细胞携氧能力强，极好地适应了低氧的环境。而秉承牛属动物强大的消化能力，野牦牛能以其他物种难以消受的最粗糙的植物为食。

除了口鼻部为白色，绝大多数野牦牛通体毛发为黑色或深棕色。只有分布在阿里地区的日土县中北部和革吉县的数百头牦牛的毛发为金黄色，被称作金丝野牦牛。金丝野牦牛与黑色野牦牛混群生活，所生育的小牛黑色、金色均有。已发表的线粒体 DNA 数据也显示出金丝野牦牛处于野牦牛整体的遗传多样性之中，不具有独特性。因此，金丝野牦牛应当是野牦牛中的一个罕见的变异色型，就像美洲豹中存在少数黑色型的个体，不应被视为单独的亚种。

野牦牛的历史分布区遍及整个青藏高原，随着人类生活区域的逐渐扩大，

这种暴脾气的庞然大物也不得不一点点退缩，现在主要分布在西藏羌塘、青海可可西里和新疆阿尔金三大人迹罕至的保护区中，成年个体数量不足一万头。

## 族裔和混血

野牦牛的驯化后代家牦牛却广泛分布在整个青藏高原及周边的人类生活地区，总数超过 1 600 万头，其中 90% 以上分布在中国，其余分布于尼泊尔、印度、塔吉克斯坦、吉尔吉斯斯坦，甚至远播蒙古、俄罗斯。在大型动物快速消失的人类世界，这也许不失为一种"以退为进"的明智策略。

在几千年的驯化过程中，家牦牛经历了种群瓶颈、人工选择及与黄牛（B. taurus taurus）的杂交育种。相比于祖先，家牦牛的体形显著变小，雄性家牦牛只相当于雌性野牦牛的大小，而雌性家牦牛更是缩小到大约 200 千克。虽然体型变小后家牦牛更加驯服，但也同时带来了力量变弱和抗逆性变差的缺点。

驯服后的家牦牛

除了体形上的区别，家牦牛的犄角也明显更细弱，间距更窄，而且通常竖直向上，缺少野牦牛犄角那样优美而气势逼人的曲线。

3 600 年前，黄牛随着大规模农业进入了青藏高原。犏牛、家牦牛和黄牛的杂交后代，在体形和力量上都强于家牦牛和黄牛，因而在青藏高原和蒙古等

地被广泛饲养。公犏牛不育，但母犏牛可孕，母犏牛与公牦牛或者公黄牛多代回交之后产生完全可育的后代，从而也将黄牛和家牦牛基因相互引入到彼此的种群中。近年来的几项遗传学研究发现，在两者基因交流的过程中，黄牛迅速获得了适应青藏高原极端环境的能力，而家牦牛得到的则是多变的毛色和无角的性状。

家牦牛（左）和野牦牛（右）犄角对比图

牛

　　野牦牛的生活方式和大多数大型食草动物相同：在非繁殖季节，雌性和幼崽组成大型的雌幼群生活，雄性一般单独活动或者结成小型的雄性群；在繁殖季节，雄性彼此争斗，胜出者占据一定数量的雌性，构成繁殖群，而失败的雄

性只能做"路人"围观。

家牦牛的生活方式大体类似于野牦牛，不同之处在于，一部分雄性家牦牛从小被阉割掉，性格变得温顺，长得也更快，而且会和雌性混群生活。

近年来，部分地区牧民生活领域与野牦牛分布区发生重叠的情况越来越严重，随之而来的是，繁殖期失去与同类交配权的雄性野牦牛来到家牦牛群中寻找存在感，欺男霸女，生下混血后代。对于家牦牛来说，这可能是一个暂时改善血统的好事，也是一直以来牧民们复壮家牦牛种群的一种方法。但混血后代野性十足，也可能回到野牦牛群中，对野牦牛种群造成基因污染。

## 生活的依靠

普通人的生活得有房子、车子和存款。但在牧区，牦牛就意味着一切，拥有一群健康的牦牛，胜过拥有金山银山。

牧民们吃的是煮熟或者风干的牦牛肉，喝的是新鲜牦牛奶、发酵而成的酸奶和冲泡了酥油的奶茶。牦牛提供了食物中几乎所有的蛋白质和脂肪来源，而吃糌粑（炒青稞面，主要的糖分来源）时，也得用奶茶加酥油和上捏成一团才能吃下的。

用牦牛奶和茶叶煮成的货真价实的奶茶

糌粑和酥油，用奶茶和匀后捏成一团吃

　　草原上大部分地区很难找到木材或者煤炭，而游牧的生活又不方便囤积大量的燃料。牦牛粪就成为再合适不过的选择了。牧民会每天收集自家牦牛的新鲜粪便，揉成一大团，再分割成大小合适的块或片，晒干之后累积起来使用。

牦牛粪堆，既储备了燃料，又给狗做了温馨的家

　　藏族传统服饰中牦牛的毛、皮是制作衣服、袜子和靴子的重要原料。住的帐篷分两种：牦牛毛织成的黑帐篷和布缝制的白帐篷。黑帐篷的制作过程十分耗时耗力耗牛毛，但通风性好又隔水，夏天住在帐篷里十分凉爽惬意。不过现在已经不多见了。当需要搬迁牧场时，身强力壮的雄性家牦牛就承担起负重跋涉翻山越岭的重任了。

传统上牧人不会购置房产、田产等不动产，现金只需满足日常使用，牦牛数量的多寡就象征了一个家庭的富有程度。需要大量现金应急时，一般出售一两头牦牛即可解燃眉之急。在子女结婚时，不需要聘礼嫁妆，双方父母会分一部分牦牛给新人，作为他们成家的原始积累。

　　或许上面所说的会让你觉得牦牛的存在只是作为人类索取的对象。但实际上，人类同样也为了牦牛而付出，拥有一群牦牛就意味着一种相应的生活方式和态度。

　　牦牛以群体的方式自由生活在野外，每隔一段时间要轮换草场，以保证牧草得到恢复，于是人类支起了帐篷，过上游牧的生活。

自由生活在野外的牦牛群

左：前一天被集中拴在帐篷边的牦牛们迎着第一缕阳光拉下新鲜热乎的晨便；<br>右：藏族阿妈在挤牛奶，藏族小伙在捡牛粪

　　人类需要牦牛的奶和粪便，于是每天晚上要将牦牛赶回帐篷边一只只拴起来，第二天早起迎着第一缕阳光捡起一坨坨最新鲜热乎的晨便，然后抢在急切喝奶的小牛之前挤好牛奶。之后将牦牛赶上山，让它们能吃到足够的新鲜的草。

此时已到中午，回到帐篷中还要对牛奶进行加工。傍晚时再花上一个多小时将牦牛赶回驻地。

藏族小伙正将牦牛群赶上山

相伴牦牛的生活，除了劳累，还有孤独。方圆几十公里可能只有你一户人家，十天半月见不到一个除了至亲外的其他人。

牧民冬季牧场的房子，整个山谷只有一户人家。现在的牧民夏天住帐篷，冬天住砖房

虽然失去了很多社交的机会，但牧区的生活并不单调无聊。每天都会与野生动物相遇，人们总是期待着看见可爱的白唇鹿和魅力十足的雪豹，担心狼又来吃小牛或者棕熊又来扒房子。

一天一天，一年一年，一代一代，无论风和日丽还是风霜雨雪，人类获得

了牦牛的所有给予，也为牦牛付出全部。几千年来，人类和牦牛就这样在青藏高原上相依为命、繁衍生息。

## 文化的载体

考古学和古人类学的研究发现早在 3 万年前青藏高原上就有现代智人的活动了，但直到 3 600 年前出现大规模的农业生产方式，才使得人类能够大量地永久定居于青藏高原。而遗传学研究指出，除了 4 000—3 000 年前与大规模农业时间相吻合的一次人口增长，藏族的祖先在距今 10 000—7 000 年前还存在一次明显的人口增长。

一只狼嘴里叼着一根牦牛幼崽的腿，但这次它不是凶手，只是捡了棕熊昨夜的残羹冷炙

对牦牛的全基因组研究给出了答案：7 300 年前，家牦牛的驯化为藏族先民带来了稳定的生存物资，引发了青藏高原上第一次人口爆炸；3 600 年前，大规模农业的实现引爆了青藏高原上的第二次人口增长，而这次人口的增长也带来了家牦牛种群的大规模增长。

也就是说，傍上牦牛的大腿，人类才能在青藏高原上获得立足之地。

藏族先民通过岩画和青铜器记录下了牦牛在生活中的重要地位。

起源于吐蕃时期的赛牦牛作为藏族的一项传统文化延续至今。人们在夏秋

的节日庆典时，把牦牛装饰漂亮，在阳光灿烂的日子里热闹一番，庆祝一年又一年牦牛带来的美好生活。

在佛教传入青藏高原之前，藏族人信仰的是崇尚"万物有灵"的本土宗教——苯教。此时牦牛被当作神牛对待，宰杀时须先念诵长经 300 遍。祭祀活动中充溢着对牦牛的崇拜，黑色牦牛为神圣、正义和力量的象征，白色牦牛为吉祥、善良和美好的标志。

藏族人对牦牛的崇拜一直延续至今。即使越来越多的牧民搬离牧区，来到城镇定居，在他们的嘛呢石堆、门庭顶部，或者佛龛之中，依然可以看见供奉的牦牛头骨。

野牦牛，作为青藏高原上最顽强、庞大和富有力量的生命，就像是荒原至死不屈的灵魂。而它的后代家牦牛，作为人类世世代代相依为命的生活支柱和极具象征性的文化载体，和人类早已是相互依存。

牦牛，就像是大自然与人类矛盾关系的一个缩影：一面势不两立，一面紧紧相连。

**参考文献**

[1] Deng, T., Wang, X., Fortelius, M., Li, Q., Wang, Y., & Tseng, Z. J., et al. (2011). Out of Tibet: pliocene woolly rhino suggests high-plateau origin of ice age megaherbivores. Science, 333 (6047), p.1285-1288.

[2] F, H, Chen, G, H, & Dong, et al. (2015). Agriculture facilitated permanent human occupation of the Tibetan plateau after 3600 b.p. Science.

[3] Guo, S., Savolainen, P., Su, J., Zhang, Q., Qi, D., Zhou, J., … Liu, J. (2006). 牦牛线粒体 DNA 多样性的来源. BMC Evolutionary Biology, 6 (6), 73. https://doi.org/10.1186/1471-2148-6-73

[4] Qiu, J. Who are the Tibetans？. Science, 347 (6223), 708-711.

[5] Leslie, D.M., and Schaller, G.B. (2009). Bos grunniens and Bos mutus (Artiodactyla: Bovidae). Mamm. Species 836, 1 - 17.

[6] Medugorac, I., Graf, A., Grohs, C., Rothammer, S., Zagdsuren, Y., Gladyr, E., … Capitan, A. (2017). Whole-genome analysis of introgressive hybridization and characterization of the bovine legacy of Mongolian yaks. Nature Publishing Group, 49. https://doi.org/10.1038/ng.3775

［7］Qiu, Q., Wang, L., Wang, K., Yang, Y., Ma, T., Wang, Z., ··· Liu, J.（2015）. Yak whole-genome resequencing reveals domestication signatures and prehistoric population expansions. Nature Communications，6（January 2016），10283. https://doi.org/10.1038/ncomms10283

［8］Wang, Z., Shen, X., Liu, B., Su, J., Yonezawa, T., Yu, Y., ··· Liu, J.（2010）. Phylogeographical analyses of domestic and wild yaks based on mitochondrial DNA: New data and reappraisal. Journal of Biogeography, 37（12），2332‑2344. https://doi.org/10.1111/j.1365‑2699.2010.02379.x

［9］Zhang, M. Q., Xu, X., & Luo, S. J.（2014）. The genetics of brown coat color and white spotting in domestic yaks（Bos grunniens）. Animal Genetics，45（5），652‑659. https://doi.org/10.1111/age.12191

［10］周芸芸，张于光，卢慧，刘芳，李迪强，冯金朝. 西藏金丝野牦牛的遗传分类地位初步分析［J］. 兽类学报，2015，35（1），48-54.

［11］梁旭昶，卡布，葛庆敏. 羌塘之巅 金丝野牦牛的栖息地 正在被蚕食的野生动物家园［J］. 中国国家地理，2016，（4），122-133.

［12］赵众志. 西藏野牦牛"混血"责任在谁［J］. 浙江林业（1），40-41.

［13］李永宪. 札达盆地岩画的发现及对西藏岩画的几点认识［J］. 藏学学刊，2014，000（001），P.17-26,298.

［14］林俊华. 青藏高原上的牦牛与牦牛文化［J］. 四川民族学院学报，2000，（4），13-16.

［15］崔燕，雍艳红，王正波，何俊峰，王剑，屠迪等. 牦牛形态结构和生理生殖机能对高原环境的适应性. 2004，中国畜牧兽医学会动物解剖学及组织胚胎学分会学术研讨会.

［16］《我们走进西藏　它们走出西藏》，科学网，邓涛，2017-5-11，http://blog.sciencenet.cn/u/taodeng

**作者简介**

陈怀庆，北京大学动物学博士生，山水自然保护中心顾问。

# 玉树牦牛遗传资源

宋仁德

## 一、品种来源

　　牦牛是牛属中唯一繁衍于世界屋脊——青藏高原的独特牛种，对高寒、低压、缺氧、少饲等严酷生存环境的适应性极强。据考证，家养牦牛的驯化起源于当地的野牦牛，动物的驯化促使人类从狩猎生活模式向放牧生活模式转变，驯化的动物为人类提供稳定的动物蛋白来源和许多附属产品，促进了人类文明的发展。家养牦牛是青藏高原地区最重要的家畜之一，它们为当地人民提供重要的生产生活资料，比如食物、皮毛、粪便做成的燃料以及运输工具等。玉树地处青藏高原腹地，古为羌地，是青藏高原羌人先民和藏民族世代居住的地方。藏族先民是这个世界上最早驯服野牦牛的民族，牦牛与藏民族息息相关的历史和灿烂文化延续了数千年。藏族创世纪神话《万物起源》中说："牛的头、眼、肠、毛、蹄、心脏等均变成了日月、星辰、江河、湖泊、森林和山川等。"玉树牦牛是藏族群众长期驯养昆仑山的野牦牛在相对封闭的环境中长期自然选育形成的牦牛种群，其来源与青藏高原民族变迁有着密切关系。

　　玉树牦牛豢养历史悠久，民国周希武在《玉树调查记》中记载："番人

十九，皆事畜牧。""而牛最多，羊次之，马再次之。问人之富数畜以对。""番地塝确而田少，青稞亦不易得，贫民多食牛羊肉及曲拉。""耕牛亦可运载，日行五六十里，丰毛大尾，所谓氂牛者是也"，等等。

## 二、分布和数量

玉树牦牛分布于青海省玉树藏族自治州境内，核心产区为曲麻莱、治多、杂多三县（昆仑山区）。主产区现存栏玉树牦牛共计 1 853 900 头，其中，能繁母牛 904 475 头，种公牛 56 934 头，后备母牛 271 640 头。

## 三、主要特征、特性

玉树牦牛体毛以全黑、黑褐色为主，背线、嘴唇、眼眶周围短毛多为灰白色或污白色，前胸、体侧及尾部的毛长达 20—28 厘米；玉树牦牛绝大多数有角，角粗壮，皮松厚，偏粗糙型，颈部结合良好，额宽平，胸宽而深、前驱发达，腰背平直，四肢较短而粗壮、蹄质结实。公牛头粗大、鬐甲高而丰满，体躯略前高后低，角略向后向上、向外开展再向内合围呈环抱状，角尖略向后弯曲；眼大而圆，眼球略突而有神。母牛头部较轻，面部清秀，角细而尖，角型一致；鬐甲较低而单薄；体躯长，后躯发育较好，肌肉丰满，乳房较小，呈盆碟状，乳头短而细，乳静脉外露不明显。

成年公牛体高 128.9 厘米、体长 146.7 厘米、胸围 197.7 厘米、管围 21.6 厘米，体重 393.2 千克。成年母牛体高 110.2 厘米、体斜长 146.7 厘米、胸围 155.2 厘米、管围 14.3 厘米，体重 212.9 千克。成年公牛屠宰率和净肉率分别是 51.7%、41.2%，成年母牛屠宰率和净肉率分别是 51.2%、41.5%。

玉树牦牛终年依靠天然草场，放牧为主，年复一年的呈现"夏壮、秋肥、冬瘦、春死亡"的规律。牧养方式多实行冷暖两季轮牧，即每年 6—10 月在夏秋季草场，11 月至翌年 5 月在冬春草场上放牧。夏秋日放牧时间 10 小时左右，冬春 7—

8 小时。公牛 1.5 岁即有性活动，一般 3.5 岁开始配种，最佳配种年龄为 4.5—8 岁。母牛一般 2.5—3.5 岁初配。7—9 月为母牦牛发情旺季。一般 2 年 1 胎。

## 四、推广应用的范围、条件和前景

玉树牦牛对青藏高原腹地高海拔、高寒的独特自然环境条件有极强的适应性，且抗病力强、役用力佳、极耐粗饲、遗传性能稳定，具有产肉、产奶性能优良的特性，是牧区藏族群众重要的生产生活资料和经济来源之一，一直深受当地牧民喜爱，长期以来当地牧民在选留、选种、选配的过程中都按照"玉树牦牛"的特点进行繁育，使得其体形外貌特征和遗传特性得到了较好的保留和延续，从而成为青海省高海拔地区牦牛类群中极具特色的一支。玉树牦牛是国家培育牦牛、肉牛新品种品系的重要资源基础，也是青海发展犏牛、肉牛养殖的优良种源，部分良种畜已推广到曲麻莱县周边产区和四川、新疆、甘肃、云南等省份。同时，玉树牦牛肉质优良、脂肪酸种类丰富，高蛋白低脂肪，矿物元素丰富，氨基酸种类齐全，肌肉嫩度小；乳脂率及乳蛋白含量高，能在高原绿色生态养殖业和特色畜产品产业的发展中发挥积极效用，推广应用前景被普遍看好。此外，在学术研究上，尤其是对于高原生物类群研究中牦牛类群的迁徙、进化以及生物多样性等方面有一定的研究价值。

由于一直以来都被划分在青海高原牦牛品种中，其资源保护相对滞后，特点、特色都尚未得到充分的研究、开发和利用。今后应制定品种标准，并在核心产区曲麻莱县、治多县分别建立种质资源保护场和种畜场，建立资源保护和良种繁育体系，加大种畜培育和推广力度；提高良种化率；合理开展杂交利用，加快品系培育和犏牛生产等研究；推进健康、规范化养殖技术研究与示范，提高生产性能；以企业为主导，加大肉、乳等产品的开发力度，提高玉树牦牛遗传资源的综合开发利用水平，促进牧业增效、牧民增收。

**作者简介**

宋仁德，男，生于 1966 年 1 月，农学博士，青海门源人，主要从事动物疫病防控、家畜生产学和放牧生态学研究，长期进行牦牛产业技术研发和推广。享受国务院政府特殊津贴专家，二级研究员，青海省自然科学和工程技术学科带头人，青海省"高端创新人才千人计划"培养领军人才，青海省科协兼职副主席、玉树藏族自治州动物疫病预防控制中心主任。曾获全国"抗震救灾模范""全国创新争先奖""优秀来青海外高层次人才""青海省优秀专家"等称号。

野牦牛合群

野牦牛成群

野牦牛入群

野牦牛驻群

# 野血牦牛

梅 卓

你的父亲是高山大峰的儿子
人迹罕至的山巅是它的家园
长风漫卷的流云是它的王冠
寒霜暴雪的草原是它的舟船

你的母亲是天河冰川的女儿
远离尘嚣的旷野是它的庭院
辽阔无边的苍穹是它的衣衫
四季变幻的彩虹是它的妆奁

你是生命的奇迹，把福运带到了人间
你是沉默的亲人，千百年无私地奉献
你是野性的烈焰，让极地充满了光环
你是牧人的依靠，支撑着高原的信念
愿你和日月星辰一起相依相伴
守护着大地母亲永远生息繁衍

# 野牦牛

（亚东演唱）

东珠瑙布　词
小　钧　曲

1 = D 4/4 2/4
中速　粗犷、赞美地

（000 67i2 | 3 - - 2i2i | 6 - - 3567 | i - - 6565 | 3 - - - |

2·i 60 561 | 6 - - - | 60 00 ） | 663 331 | 777 735 6 - |
　　　　　　　　　　　　　　　　　　　在那 长江　发祥的地　方，

112 356 53 12 | 3 - - - | 6i 6 5 56 56 53 | 166 3·5 2 - |
有一个辽阔的曲麻　　滩，　　这就是野牦牛繁 衍　生息的乐　园，

3 55 5 56 323 21 | 13 561 6 - | 60 165i | 6 - - 6i2 | 3 - - - |
成群的牦牛在草原安居 河畔嬉 戏。　　呀 拉里 嗦　呀拉里 嗦！

2 222 22 2i6 6 | i12 i 65 5653 3 | 22 22 i6 i | 22 2i1 3 3· |
野牦牛从远古走 来，褪去 野性的本　 质，走进藏族家 园 用生命 的乳汁

5·6 23 i 6 - | 60 6i2 | 3 - - 2i2i | 6 - - - | i12 i 65 56 6· |
滋 养雪域儿女。　 野牦 牛，　野牦 牛，　 你用 生命的全 部

556 6532 3 - | 6 6i 6 53 2 23 | 556 321 - | 222 2 23 i·6 |
幸福藏　 家，　曲麻滩因你的点 缀 而美丽可 爱，　 曲麻滩因你的存

2 - - - | 2 2 i6 60 561 | 6i 6 - - - | 6i 6 - - - | 6 0 0 0 |
在，　 名声远 扬。远 扬。　 扬。

103

新生

模样

第二章　学者话牦牛

　　牦牛是"肉乳兼备、生产生活兼顾"的畜种，在牧区可以当坐骑、驮东西，在农区可以替人力、耕田地。牦牛全身都是宝，它的奶可以喝，肉可以吃，粪可以烧，皮和毛绒可以制成帐篷、做成用品，血是药材，角和骨头可以制作成精美的工艺品。玉树牦牛资源丰富，开发利用价值很高，牦牛产业的发展空间无限、前景广阔，要走育良种、养好牛、产优品、卖高价的路子，实现稀缺资源与高端市场的无缝对接、天地匹配。

# 牧人是我的生态老师

尼玛才仁

一直以为高原生态退化的主因是牧业，结果发现牧业是修复高原生态的重要力量。

## 与老牧人的对话

问：什么叫农业？什么叫牧业？农民为什么能定居？牧民为什么要游牧？

答：平原农区四季如春，气候温热，适宜种植，若农民全年在田间春播、夏育、秋收、冬藏，定会丰衣足食，所以安土重迁，是平原农民的生活方式。

高原牧区冰天雪地，气候寒冷，植被脆弱，若牧人长期待在一处，牛羊很难吃饱喝足，也会影响到畜牧业发展，所以逐水草而居，是高原牧民的生存之道。

说明：农业生产的好经验不见得适用于牧业，所以推进生态畜牧业发展必须要因地制宜。

农宜居，牧宜游，顺则兴，逆则衰。

问：牛羊与草原之间有什么样的依存关系？

答：草原不能没有牛羊，牛羊不能没有草原，它们之间如同鲜花和蜜蜂的

关系。春风吹，嫩芽破土而出，秋风起，枯叶沙沙作响，周而复始的循环往复，离不开动物对植物生长所起的关键作用。

一、牛羊的超大体重和锥形蹄子对草地有夯实作用：防止落地的种子被风刮走或被水带走；避免落地的种子长期被太阳暴晒或严寒侵袭；种子不会因为土质松散而抓不住土、扎不了根。

二、种子没有能力直接消化或分解枯叶，只有通过牛羊的咀嚼，通过牛羊分泌胃酸，蠕动肠道，实现物理反应、化学反应，最终分解出种子的来年养料——牛粪。

说明：相生相克，互为依存。

问：草原退化是过载放牧所致吗？

答："过载放牧"这一说法由来已久，牧人认为这种说法不合乎逻辑，甚至认为人类永远做不到"过载放牧"。

比如：某个草场牲畜承载量是 100 头，只有这种状态下草畜是平衡的，人畜也是兴旺的。倘若人为再增加 50 头，这就造成了所谓牲畜过载现象，这种现象从理论层面可以认定，但在实践层面人类无法做到过载放牧。

一、增加牲畜——伤牧

在有 100 头牲畜的一定草场面积上超载 50 头，就会使所有 150 头牲畜进食量严重不足，如果持续时间越长，营养供给不足的问题将越发严峻。最初大面积牲畜体质愈来愈差，体能下滑又直接导致牲畜免疫力每况愈下，最终牲畜的抵抗力无法抗击各种疫疾而出现大量死亡，直到牲畜死亡数达到草原可承载的区间内，方可停止牲畜伤亡。

二、牲畜减少——损草

原本可承载牲畜 100 头，但人为减畜 50 头，只使用一半的草场。结果会出现一半的草场处于闲置状态。长此以往动物与植物之间的依存链条渐渐断裂，植被长期缺失动物护理，又无法供给动物有机养料，最终植被根茎萎缩，能源枯竭，甚至有些植被会出现永久性死亡，直到人类遏制退化势态，方可风吹草动见牛羊。

说明：过载放牧，牲畜必降灭顶之灾；减畜放牧，草原必受黑土肆虐。

问：围栏里的植被为什么会出现退化？

答：草也是生命，既然是生命，都会为生存竞争。健康的草场，土壤肥沃、植被多元。但在很多时候人们由于缺乏草原管理的知识，给草原生态循环造成了很多不良的人为干预。比如：使用网围栏必须要掌握好草畜之间的覆盖面、合理性、调节度、采食量。尤其要掌握好围栏使用的时间跨度。反之，围栏中封闭植物因长期缺失与外部动植物的互动，出现一系列的生态问题。

一、封闭草场的生态反应

草原生态系统的主要功能是物质循环和能量流动。长期禁止动物和牲畜进入草场采食，将对植物自身营养跟进和植物种群优化形成严重制约。

二、草种之间的生存竞争

在自然界中植物种群都会遵循"万物独化，物各自生"的原则，但长期使用围栏会对植物的营养供给带来困难，最终导致植物种群之间的相互侵占、碾压、吸食等现象。

问：游牧对高原生态有何意义？

答：游牧是高原牧人的生产方式和生活习惯，也是高原牧人亘古未变的文化根基，更是人与自然和谐相处的成功典范。

一、山势高低划区

"盛夏采尽高处草，入冬可享低洼福。"一句草原民谣道出了牧人的生产方式、生活理念。通常牧人把大牧场分成夏秋草场（气候相对温热）和冬春草场（气候相对寒冷）一高一低两处牧场。冰雪封山之前采尽高处草，寒冬来袭之前进入冬窝子。这看似简单的一个举动，充分展示了牧人有效的生态经营理念。

二、食草长短轮牧

牧人逐水草而居的生活方式，也是人类从古至今最生态、最绿色、最有机的环保行为。

深入了解游牧文化，我们就会发现传统的游牧方式，可以有效调节牲畜食草与草原休养生息的关系。通常牧人把大草原分为春季牧场、夏季牧场、秋季

牧场、冬季牧场，每季牧场一年使用三个月，（3月×4季＝12月），一年循环一轮。这就意味着整体牧场一年只使用3个月，实现9个月的休养生息。

# ●三则生态小故事●

## 1. 小草与白菜的故事

小草：白菜老大哥！你为什么精力如此旺盛，还能供养几亿人？

蔬菜：因为我供养的人，每天都给我输出很多有机养料。

小草：惭愧啊！我却供养不了几百头牲畜。

蔬菜：可怜的小草，难道你供养的牲畜不给你输出有机养料吗？

小草：不是，而是网围栏把我与牲畜之间隔离了半个世纪！

## 2. 老鼠与牧人的故事

牧人憔悴的面孔，褴褛的衣衫，失落的眼神，愤怒地对着老鼠说："我要灭了你这可恨的老鼠！都是你破坏了我的家园，害得我流离失所，背井离乡。"

老鼠傲慢地站对面，体形圆咕隆咚，毛发润光发亮，蔑视着牧人说："我要感激你这愚蠢的牧人！你帮我灭了天敌，减了牛羊，才使得我老鼠的族群繁衍生息，发展壮大，哈哈哈！"

## 3. 小鸟与小鱼的故事

很久以前，广阔的海洋横亘东端，巍峨的雪山屹立西部。由于两地自然风貌和地理环境的差异，千百年来各自孕育着与之相适应的许多物种。

生活在海里的小鱼，发善心想帮助山上严寒中的小鸟。它就对小鸟说："可

爱的小鸟，我真诚邀请你到海里生活。海里物产丰富，生活富裕。"小鸟听了很是感激，就决定到海里生活。

小鸟努力去融入海里的生活，天天学习潜水游泳，寻找食物，可怎么也学不会像小鱼那样游弋自如，怎么也体验不到海洋生活的舒畅。但小鱼和小鸟还是和睦相处，相依为命，感觉很幸福，就这样日复一日，年复一年……

有一天，小鱼突然发现海洋面积在萎缩，水质变得愈来愈浑浊，入海口的水也在渐渐枯竭，惊慌中赶紧告知了小鸟，小鸟又害怕又担心，一时不知所措。紧张片刻之后，小鸟一边安慰小鱼，一边起身准备上山探个究竟……

小鸟经过艰辛万难最终到达山顶，结果发现，这里的一切都变了！气候变得异常寒冷，环境变得异常严酷。但小鸟心想"小鱼你放心！我有先天治理雪山的经验"，说完就舒展翅膀，抖擞身体开始干活，可动弹了几下，小鸟发现自己的鸟喙没有那么锐利，翅膀没有那么灵巧，爪子也失去了力量。力不从心的小鸟在悲愤中仰天长叹："小鱼，为了你的善良，为了你的幸福，我不治不归！！！"小鸟的话音刚落，从层峦叠嶂、黑暗阴沉的山峰中一阵寒风席卷而来，顷刻间小鸟消失在了浩瀚的雪地里……

可怜的小鱼苦涩的脸庞，沮丧的心情，每天都在海岸边看着一天又一天恶化的海洋，盼着西去的小鸟早日归来……

**作者简介**

尼玛才仁，男，藏族，中共党员，1971年1月出生，青海玉树人，大学学历，现任青海省玉树藏族自治州人民政府副州长、县委书记。参加工作20多年来，始终保持一颗红心，加强党的理论方针政策学习，注重政治能力训练、提炼忠诚品质。自2015年任现职以来，坚持深入学习习近平新时代中国特色社会主义思想，坚决拥护"两个核心"，牢固树立"四个意识"，坚定"四个自信"，始终以"四讲四有"为标杆，凭借强大的信仰和执着的信念，以建设"七个称多"为总目标，带领称多人民强化生态文明、保持社会和谐、创新党建品牌、推进产业发展、建设教育强县、打造文化名县、持续改善民生、促进宗教和顺，攻坚克难、砥砺奋进，顺利完成贫困县脱贫摘帽。

# 青藏文化的根

## ——牦牛文化漫谈

文　扎

2018 年 8 月，玉树州第五届牦牛文化论坛，在素有"万里长江第一县"的治多县城举办。主办方邀请了数十名相关领域全国著名的专家学者，云集"珠姆故里"，共话千年牦牛文化。因为我也是玉树人，举办本次活动的东道主邀请我讲讲"牦牛文化"。接到这样的任务，我开始有些胆怯。在从事研究牦牛的众多专家中，我怎敢胆大妄为，讲什么"牦牛文化"呢，但我的心念在"牦牛"二字上停顿几秒时，我感觉似乎有一种难以言表的亲切感。其实，当我细细咀嚼"牦牛"这概念时，我才发现自己与牦牛之间的距离那么近。看到"牦牛"二字，我就仿佛能够触摸到那静默于青藏大地上的庞然大物。我母亲曾告诉我，当年母亲生下我时，正好骑着一头驮牛，在搬迁途中。那时，突然一阵剧痛，母亲从牛背上滚落到一片沼泽地里。随之，我就来到了人间。因此，我从出生的那一刻起，就和牦牛有着割舍不断的联系。

说牦牛，尤其是要说牦牛文化，从细节上讲，每个游牧人的心中，一定有一系列"说不完的故事"。但就"牦牛文化论坛"而言，我想不适合讲细水长

流式的故事，而是应该有一种鸟瞰大地，飞越千山万壑般的气魄。由此，我选择了由深入浅、由大渐小的艰深模式，想从青藏高原、牦牛、长江，这样几组宏大的题材，引出"牦牛文化"的话题。

一

被称为"地球第三极"的青藏高原，是一则神话故事。

当我们翻阅《柱下遗教》《贤者喜宴》和《西藏王统记》等藏族古老的史书时，总是通过观世音慈悲的目光，看到史前的青藏高原，是一片不见边际的汪洋。因此，在阅读青藏高原这部千古奇书时，若有可能，要将自己观想成观世音菩萨。俯视地球的高度，静静地观察地球"第三极"浮出古海的壮观场面。这些史书作者的视角相当高，几乎有一种将地球置于眼前而开始向你娓娓道来的架势。《贤者喜宴》的作者记载观世音菩萨第一次俯视青藏大地时道："上阿里三围如水池，中卫藏四茹像水渠，下朵康三岗如农田。一切（生灵）都在一片汪洋之中，无数生灵煎熬在痛苦之中。"据科学考古发现，2亿年前，长江流域仍被古地中海占据，青藏高原是一片汪洋。

斗转星移，不知过了多少春秋，观世音菩萨第二次降临雪域地理中心，站在卫藏四茹区域的红山之巅（布达拉宫所建之山）。那时，整个拉萨河谷，漫滩遍野都被浸没在水里。四周的山上像夜幕垂落般到处是茂密的森林。各种凶残的野兽在互相厮杀。尤其是沃塘湖泊区（今大昭寺所在地），像是无间地狱的大门，那痛苦无法忍受。

又不知过了多少年，也许是一个漫长的地质年代，"那沸腾的大海渐渐变得清凉。在雅砻河谷的东段山体忽然洞开，卫藏四茹的水都渗入山洞，消失得无影无踪"，史称"贡格曲拉"，即贡布河丢失的地方。"其他一切水也渐次流入贡布地洞。雪域山川由此显露出来。"这是青藏高原从大海诞生时演绎的精彩画面。科学考古发现，1.8亿年前，青藏高原从大海开始显露昆仑山、可可西里山、巴颜喀拉山等。昆仑山，在藏语里称其为"阿卿冈日"。通览整个青

藏高原的山水地名，唯有昆仑山被尊称为"阿卿"，即祖山之尊。从这里，我们不难发现亘古以来从高空俯视青藏高原的那道目光，又一次捕捉到了最早从大海浮出水面的巍巍昆仑，并命名为"阿卿冈日"。古汉书《拾遗记·昆仑山记》记载："昆仑山者，西方曰须弥山，对七星之下，出碧海之中。"恰巧也写出了昆仑山浮出海面的状况。

又一个地质年代过去之后，我们通过观世音菩萨的慈悲目光，仍然从高空俯瞰青藏高原——"上阿里三围是鹿、野驴等草食动物的家园，中卫藏四茹是野兽虎豹等的栖所，下朵康六岗是鸟类禽兽的天地"。考古发现，大约 3 000—4 000 万年前，青藏高原隆起，古地中海消失。此时的青藏高原，成了野生动物的乐园，到处充满着生命的气息。

## 二

青藏高原开天辟地、沧海桑田的地质变迁，似乎不仅仅是一种自然演化的现象。她仿佛在为某个神秘的物种搭建平台。假如我们将数以万计的地质年代，用藏族史书的宏阔笔法表述出来，那么仅仅一纸半页就足够写清它漫长的演化过程。

青藏高原从茫茫大海中缓缓浮出海面，高原台面上的海水从贡布地洞渗漏，流向大海。高原开始出现生命的气息。上阿里三围出现了一种巨型草食动物，被后来的人类称其为"雅"（yak）。考古推测：牦（古读"雅"）牛距今 300 万年前，生存在欧亚大陆东北部。后由于地壳运动、气候变化而南移至青藏高原。但是，从字源学的角度讲，全世界所有民族，对牦牛的称呼都源于藏语的"yak"（ གཡག ）。在汉语中的"牦牛"二字，是因误读而形成。最初在汉语中的"yak"叫"牦"，读"雅"，称"牦牛"。后来，将"牦"误读为"毛"，遂演变成"牦牛"。不管怎么说，对于生活在青藏高原的游牧人而言，我总是无端地觉得"牦牛"是青藏高原的化身，青藏高原是"牦牛"演变而来。有一首《斯巴宰牛歌》，在藏族民间流传很广。这首古老的创世歌，表达了游牧人对于雪域高原的认识，表达了对"牦牛"的情怀，更道明了游牧文化的精魂。诗是问答形式的，具有

鲜明的"鲁体"的特点："斯巴宰杀小牛时，砍下牛头放哪里？我不知道问歌手；斯巴宰杀小牛时，割下牛尾放哪里？我不知道问歌手；斯巴宰杀小牛时，剥下牛皮放哪里？我不知道问歌手。"问得如此简单，好似一首童谣。只是其中的"斯巴"有些深奥，不论把它翻译成"世界""宇宙"，或者"天地"，对于儿童，确实过于深奥。它的回答，更是出乎意料。话题一下子提升到探讨"世界"真相的哲学高度。诗中有这样的回答："斯巴宰杀小牛时，砍下牛头放山上，所以山峰高耸耸；斯巴宰杀小牛时，割下牛尾放路上，所以道路弯曲曲；斯巴宰杀小牛时，剥下牛皮铺大地，所以大地平坦坦。"诗中想要表达的是青藏高原的形成过程，但是我深深地感受到，这语言背后有另一层更加深刻的情感表达。对游牧人而言，牦牛是游牧人的山川大地，游牧人的世界就是牦牛。所以，有游牧人基因的我，总是无端地认为牦牛是青藏高原。我们从倾注了无量智慧的古老汉字中隐约感知到这样的情怀——所谓"游牧"，游的可是"牛"字旁的"牧"。假如我是一名画家，我会将青藏高原绘成一头牦牛。这是一头回眸东方的白色牦牛，它的背景是浩瀚的宇宙星空。巍巍昆仑是它坚实的脊梁，那透着水晶色的梅里雪山和珠穆朗玛峰便是闪耀着日月光芒的犄角，而那开山劈岭的黄河、长江、澜沧江和怒江，该是它顶天立地的四条腿柱，它的尾巴从柴达木盆地一路延伸到蒙古高原，玛旁雍措湖和纳木错湖是一双回眸东方的眼睛。观自在的道场——布达拉宫恰好位居在它的心脏部位，因而它全身弥漫着悲天悯人的利他情怀，除了给予，没有别的行为。又因为它浑身是人类生存和生活所需要的宝，便尊称为"诺尔"，即珍宝。它是世间一切宝物的母亲或源泉，其他金银珠宝，在藏语中称之为"诺布"，即子宝。真正意义上的母宝就是牦牛，就是"诺尔"。

### 三

　　白牦牛，是比较稀少的牦牛品种之一。在青藏牧人眼里，它象征着财富和神灵。吐蕃王朝七大贤臣之首茹来杰，是一位力挽狂澜的伟人。他除奸臣罗昂，平息了吐蕃内乱。他还开创了烧木取炭，冶炼金属的技术，利用二牛抬杠的耕

田方式，引水灌溉，大河架桥，大力发展了种植业技术。就是这样一位开天辟地式的人物，却有一段非同凡响的传奇经历。茹来杰，其意是从牛角里出生的。史书记载：当罗昂谋杀了止贡赞普，娶其公主为妻，将王后发配当放马员。王后到野外放马时，入睡梦见与一位白衣俊男交合。醒来时，看见一头白牦牛从她身边走过。王后怀孕满月时，生下一团蠕动的血块。她不忍心抛弃，将其装进一支带有温度的野牦牛角，用牛奶喂养，用心呵护。因有温度等条件所致，从牛角里生出一个可爱的男孩，遂取名"茹来杰"。有史书记载，这头神奇的白牦牛，是青藏高原创世九尊神山之一的雅拉香波神山显了灵。所谓创世九尊神山，用现代人容易理解的语言来说，就是2亿年前，青藏高原最初从大海中露出的九座山峰。

其实这九尊创世之初的神山，就有九头白牦牛在守护。雅砻文明是青藏文明之源。而雅拉香波雪山孕育滋润了雅砻文明。雅砻是藏语音译，尽管我们无从知道"雅砻"的最初含义，但是，从藏族人命名山川地名的文化心理去推测，"雅砻"二字很有可能是由"yaklung"（野牦牛谷）演化而来。当我们探寻"雅鲁藏布江"命名的历史时，我们发现这条孕育青藏文明的大江，从源头启程的那一方土地开始，就被赋予了神圣的使命。逆着雅鲁藏布江寻根问祖时，在这条青藏文明的母亲河源头，弥漫着生命的气息。寻根到源头，神圣的冈仁波齐像一位先知，静立在生命的源头。雅鲁藏布江的源头，其实就是冈仁波齐周围的"四条口泻河"之一——马泉河。所谓"四条口泻河"，就是从类似四种动物头像口中流泻而出的河。以冈底斯山为核心，从其东面类似大象的口中流泻的河为恒河之源，称其为象泉河；从南面类似孔雀的口中流泻的河为印度河之源，其名曰孔雀河；从西面类似骏马口中流泻的河为雅鲁藏布江之源，美其名曰马泉河；从冈底斯山之北类似狮子口中流泻的河为徙多河之源，其名狮泉河。四条大江的源头皆以动物命名，似乎预示着每一条大江都养育着生灵无数。

马泉河从源头一路奔泻而下，流经后藏，流至山南市乃东县境内，雅拉香波河注入了马泉河之后，始称雅鲁藏布江。雅砻河谷是吐蕃前三十二代赞普统治的中心，也是青藏文明发祥的母地乐土。雅拉香波神山是青藏文化的守护神，

也是吐蕃崇拜敬奉的神山。据说，公元前 200 多年的某一天，当吐蕃十二位苯教智者在敬奉神山时，路遇一奇人。问他来历，他一手指天，便被众人认为是天神下凡，遂请他当国王。他们请求他一要当没有首领的族群之王（或许吐蕃王在某次与野牦牛的激战中牺牲，族群之中暂无人出来当国王。此时，还不是世袭制，应该是勇者为王的时代），二要做没有主人的野牦牛的牧主。吐蕃第一代赞普接任王位时，曾经提出吐蕃是否有偷盗，是否有毒，是否有野牦牛等疑问。他们回答："偷盗有对治，毒有药，野牦牛有制服的武器。"从这里不难发现，要当吐蕃国王，并非轻松的美差。既要治理吐蕃人，又要制服横行于雅砻河谷的野牦牛。赞普是吐蕃时期治理国家的最高官位名称，是"强者"的意思。这名称与国王、首领等有所不同。所谓"赞普"，首先必须是从智力和体格上能够战胜那些驯养野牦牛的强者；其次结合雅砻河谷的地理特点，又必须是能够制服野牦牛的勇者。

从藏族人命名河源的一贯做法和吐蕃早期关于野牦牛故事来看，我倒是有一个大胆的推测，雅拉香波雪山，起初的命名很有可能与野牦牛有关系。"雅拉"是"yaklha"（ གཡག་ལྷ ），就是吐蕃首位贤臣的生父，那头神奇的白牦牛，即野牦牛神。从雅拉香波雪山流出的雅拉香波河，注入了马泉河之后，便成了著名的雅鲁藏布江，其意就是野牦牛谷的河。由此推而演之，雅砻河谷的文明，就是牦牛文明。

四

追寻一个民族的精神源头，必然会涉及一条滋养万物的江河。青藏文明的母亲河是神圣的雅鲁藏布江。而在这条孕育青藏文明的大江之源，我们与从远古走来的牦牛不期而遇。

从吐蕃早期的"六牦牛部"，吐蕃第一位贤臣茹来杰的身世，我们似乎可以推想，在青藏文明形成的早期，藏族人与野牦牛一路相伴而来。从早期的对抗、博弈到最后的相谐，从某种程度上讲，青藏文明的雏形是在人与野牦牛博

弈的过程中形成的。从自然法则而言，野牦牛是在青藏高原漫长而频繁的地质灾变中生存下来的具有强大生命力的神奇物种。藏族祖先在与如此强悍的物种长期博弈的过程中找到了生存的机会。正所谓物竞天择，适者生存，实属不易。假如没有野性强悍的野牦牛，那么，青藏文明的曙光至少会是另外一种颜色。吐蕃在与野牦牛的争战中崛起于雅砻河谷。它的强势曾经锐不可当，势如破竹。吐蕃第三十二代赞普松赞干布时期，横扫了整个青藏高原，统一了青藏高原诸族，形成了与唐朝抗衡的强大高原帝国。牦牛如同青藏文明的催生剂，它的强大和野性，挫锐了吐蕃的生命力。正如在黄河的无数次泛滥和洗礼中历练了华夏文明的超强生命力。尽管野牦牛是草食动物，没有肉食动物那么凶残。但是，一旦惹怒了这头庞然大物，哪怕只剩最后一口气，它也会将对手置于死地而后快。一位杰出的猎手，从来不会轻易打伤一头野牦牛。据说被打伤的野牦牛，会一路追赶猎手，穷追不舍。即使躲进沼泽地里的水坑，它无法用犄角来抵，也会用那带刺的舌头舔你，用那千斤重的蹄子踩你，最后会用身躯压住你，直到生命的终结。我想，藏族祖先在青藏高原生存繁衍，遇到的最频繁、最强大的对手，一定是状如山丘的野牦牛。在青藏民间流传着这样一句古老的谚语："大河、悬崖和野牦牛是勇者无法对决的。"

2007 年 11 月份和 2016 年 4 月份，我曾两次穿越可可西里。除了可可西里那亘古独一的旷野给人的震撼外，留给我印象最深的是拍摄野牦牛时所发生的事情。从远处看，野牦牛和家养牦牛之间没有多大区别。因为我从小在牧区长大，所以我不怕牦牛，而且自认为熟悉牦牛的脾性。第一次去时，我拍到的是一头受伤的野牦牛。因我的相机镜头焦距不够长，所以用车追了一阵那头野牦牛。它可能前腿受了伤，跑起来很是艰难。尤其是从后面看它一瘸一拐的样子，我都有些怜悯它。追了四五分钟，仍然没有拍到满意的镜头。此时，我所坐的车冲到了那头野牦牛的前方。停下，回头看时，那头野牦牛把尾巴上扬到后腔之上，毫不犹豫地朝我们冲过来。我急忙对准镜头拍摄时，眼前几乎一片漆黑。从它的鼻孔里呼出的气流，像即将落地的云雾。这哪是刚才那一瘸一拐的野牦牛。此时，不能用"冲"字来形容它的架势，那简直是一团漆黑的夜

幕向我蔓延过来。我感觉即刻就要被那夜幕所吞没。第二次是在可可西里南部滩地。我们有两辆车。一辆冲到那头野牦牛的前方，准备拦截并进行拍摄。当前面的车冲到野牦牛前大约 200 米距离，突然刹车准备拍摄时，那头野牦牛却义无反顾地冲向前去。当即将到达那辆车的后面时，野牦牛的前蹄深深踏溅出一抔沙土。尽管地还未解冻，但是，大地经不住那头野牦牛的千钧冲力，它的四周立即扬起一番沙尘暴，又像是踩了雷，炸开了一窝沙石。我正好在斜对面，立即按下快门，拍到了这一壮观的瞬间。当那头野牦牛突然刹住前蹄时，我几乎感觉到大地都有微微震颤。当然，我所遇到的野牦牛，也就是七八岁的年轻公野牦牛。20 世纪 60 年代，在当曲河东部草原捡到的最大野牦牛头骨，据说两只角之间可以盘腿坐下两个成年男子。与此相比，眼前的这头野牦牛几乎小了一半多。然而，就当前如此大小的野牦牛，当它怒气冲天，像决堤的洪水冲卷而来时，若处在无任何防卫设施的情况下，那状况真是有种山崩地裂的恐惧感。

能制服、驯化野牦牛的族群，一定有勇猛过人、健壮如牛的体格。而能够统治这样一群族人的人，在藏族祖先的古词汇里，"赞普"一词也许是最准确的表达。因此，在统领吐蕃的最高官衔里，就隐藏着藏族祖先与野牦牛对峙、博弈和被驯化的漫长而惨烈的历史。

<h2 style="text-align:center">五</h2>

家养牦牛是由野牦牛驯化而来。这是根深蒂固的传统观点。不论科学考古找到了怎样的依据，但是这种世代传承的看法，似乎与真实更靠近一些。二者的区别在于，前者是推测，后者是一种经历。因此，我确信，青藏游牧文化，始于野牦牛的驯化。公元前三四百年间，在雅砻河谷出现的"六牦牛部"，一定是最早驯养野牦牛的一群族人。

青藏高原的人类，从有史记载开始算起，至少与牦牛相处了 2 200 多个春秋。在如此漫长的时间里，我们的祖先从与野牦牛对峙、博弈，到驯化成家畜，

一定发生过无数个惊心动魄，甚至格外惨烈的故事。当雅砻河谷的第一代吐蕃赞普坐镇江山时，雅砻部落已经具备了制服野牦牛的技能和武器。

2018年7月份，我陪同我的朋友、著名作家古岳到聂恰河源头达森草原，考察冻土、冰川和游牧生活时，就涉及关于野牦牛、狩猎等的话题。聂恰河是嘎嘉洛族人的母亲河，也是通天河南面的最大支流。聂恰河发源于恩钦拉根雪山和冰川，与澜沧江源区的冰川雪山同处一个区域。山南面的所有溪流都注入了澜沧江源，而山北面的每一滴水都融入了恩钦河，最后汇入了聂恰河。生活在恩钦河源区的达森牧人，从20世纪七八十年代开始，在源区冰川融化处，陆续发现了一些野牦牛尸体、箭和箭头等。他们捡到的箭，有的箭头是青铜，有的是铁器，而箭杆几乎都是竹子。一些考古鉴定专家认为，这些箭有两三千年的历史。这与雅砻河谷的狩猎时代遥相呼应。2 000多年前，雅砻部落族人回答吐蕃第一位赞普王聂赤赞普问难时，说他们已经拥有制服野牦牛的武器。我敢断定，那所谓的武器，就是弓箭。因此，游牧文化的前身是狩猎生活。藏族祖先从狩猎时代，就与野牦牛结下了不解之缘。直到今天，青藏高原的世居民族，仍然与牦牛有着千丝万缕的关系。

在千年的游牧生活中，藏族人对牦牛的认识达到了无以复加的境界。世界上哪个民族对一个物种的认识、开发和利用程度可以达到如此娴熟的境地呢？在藏语中，牦牛的早期名称叫"yak"。藏族与牦牛经过千年的博弈和相处，对这一物种有了更加深刻的认识。从对立、相持到相谐，最终产生了一种感恩的情怀，便约定俗成地命名为"诺尔"，即珍宝、母宝之意。在大多数藏族人的观念里，精神领域的无价之宝是佛、法、僧，被尊称为三宝，而在物质世界里价值连城的是珍宝，这聚宝世界里的代表便是"诺尔"。这恐怕是藏族人对牦牛文化画龙点睛式的命名，整个青藏游牧文化便是"诺尔"一词的演绎。从某种程度上讲，千年青藏文明，是不断开发、升华牦牛价值的历史。住，牛毛帐篷是青藏游牧人发明的最具实用性，充满天地智慧的居所；吃，源自牦牛的乳制品和肉食，是青藏游牧人养成健壮体格的根源；行，被誉为"高原之舟"的牦牛，是游牧草原、生命流动的"大运河"。甚至连牦牛的粪便，都成了游牧

人生态且可永续利用的燃料。总之，牦牛对藏族而言，寻常得像生命之于水和空气，但是细细推究青藏游牧文化的每个细节，在牦牛身上浓缩了游牧人在漫长历史长河中的每一个发现。

**作者简介**

文扎，男，1964 年 8 月出生，青海治多人。民族学硕士研究生。北京大学中国俗文学学会会员，长江源嘎嘉洛文化研究协会会长。

2004 年到北京大学汉语言文学系做访问学者，2012 年荣获"玉树唐蕃古道文学奖"，2014 年第二届全国"嘎嘉洛"文化学术研讨会上授予"嘎嘉洛文化特别贡献奖""优秀专家"奖，同年荣获"青海省第七届文学艺术奖"。

著有文化散文专著《寻根长江源》(汉文)《嘎嘉洛文化》(汉文)《玉树部落史》(合著)、第三批国家级"非遗"名录丛书《雪域拉伊十二卷》，主编了《秋吉活佛文集》(13 辑)、《格萨尔文化研究——嘎嘉洛文化》，主编了二十套嘎嘉洛文化系列丛书《格萨尔·嘉洛婚礼》《格萨尔·嘉洛金宗》《格萨尔·嘉洛珠姆传》《格萨尔·嘉洛形成史传》等，被列入"国家社科基金重大委托项目《格萨尔的抢救、保护与研究》成果及全国《格萨(斯)尔》工作领导小组办公室首推重大工程"项目，将《第十九世秋吉活佛自传》译成汉文。先后完成了《万里长江第一县》《万里长江第一寺》和《长江源——生命的赞歌》等画册及长江源深度文化推介电视片《寻根长江源》。

前后发现 9 位格萨尔艺人，其中 8 位艺人已经全国格办鉴定通过，颁发了格萨尔艺人证书。

在格学领域首次提出"嘎嘉洛文化"的学术概念，建立长江源流域"嘎嘉洛文化"长廊的战略构想。提出了以长江源流域的嘎朵觉悟山为核心、以"嘎嘉洛游牧文化"为主题的"嘎

域文化"新概念。2017 年提出了"源"文化概念，并策划组织十几位中国生态人文作家考察三江源，拟出版 6 位作家的专集。

设计了"珠姆"的唐卡画和治多县驻地的珠姆汉白玉石雕，设计了嘎嘉洛家族的"九天窗"式巨型黑帐篷，并参与了缝制，成功申请了"上海大世界基尼斯"纪录等。2010 年发起并召开了首届全国"嘎嘉洛文化"学术研讨会。取法于嘎嘉洛文化设计了治多县灾后重建标志性建筑——体育馆和影剧院，设计了治多县"东大门"。

# "卓巴仓"的梦想

哈希·扎西多杰

因为生命传承的因缘巧合和个人生命的因果关系，此生此世我成了青藏高原藏族游牧人家的儿子。

藏族游牧人家的牧民自称为"卓巴"，"卓巴"将世代生息的高寒草原和游牧文化相融合一的家园称之为"卓尤乐"，而"卓巴"在"卓尤乐"所从事的产业和劳作叫"卓来"。那么草原上一顶顶黑色的牦牛帐篷（青藏游牧人家）就称之为"卓巴仓"。

小时候一直听大人说："8岁换牙的时候，就应该能够赶放一群牦牛，15岁能够跟着远程牦牛驮队的时候，就不能要求父亲帮你。"据母亲说我还不到周岁的时候父亲就走了，剩下我们母子俩不得不支起一顶牦牛帐篷，经营一个"卓巴仓"。这样，我6岁就跟着牛群羊群开始了游牧草原的生活。

每天当太阳照暖牦牛帐篷的时候，我就只身出去放牧。守望黑帐篷的母亲，一直望着我和牛羊走向远山的霞光中。到了傍晚，我和牛羊送走了太阳，从草原深处走向牦牛帐篷的时候，母亲总是站在"卓巴仓"的门口翘望着我！她每天都会拥抱我，常常夸我是顶天立地的男子汉！

每天夜深的时候，母亲在黑帐篷里借着酥油灯的光给我讲"卡贝"（藏族

牧区民间故事）。这些故事涵盖宇宙天地万物，驰骋于过去、现在和未来的时空隧道，讲述不同生命的因果相续和轮回之道。那些故事，总是让我的思绪从牦牛帐篷的天窗飞向浩瀚星空，与漫天的星星和各种奇特的神灵对话！

最让我难忘的也是母子俩的故事。故事中的母亲经常受到各种魔力的欺压和威胁，但是儿子能够听懂自然界各种生灵的语言，经常求助动物、植物等自然界的力量帮助母亲解难救困。

那时的我，虽然只身与一群牛羊游走大草原，也只有我们母子俩守护着孤灯闪烁的牦牛帐篷，但我从来感觉不到孤寂和恐惧！因为，白天放牧在太阳和母亲眼光笼罩的草原上，晚上牧归于母亲温暖的眼窝里，夜晚安详在母亲守候的黑帐篷里听故事，入梦畅游星空和童话的世界。母亲总是欣赏我，称赞我多么能干！她永远信任我！在我的记忆中，从没有母亲的责备和批评。我一直很阳光自信地生活在母亲温暖的眼光里。

所以，我童年记忆中的"卓巴仓"，是太阳、月亮、星星和母亲眼睛的居所！是我的思想走向草原、世界和星空的原点！也是我和牛羊温暖的归宿！更是我能够自信地游牧草原的背景和靠山！

记得到了我8岁的那年，母亲身患重病，由村里大人帮忙把母亲放在两头牦牛前后托着的担架上离我远去，我一直孤独地站在草原上用两颗泪珠目送她走向天地相接的那条线上。

从此母亲就一直没有回来，剩下的只有我孤身一人，不断地游走在别人家的草原和"卓巴仓"，寻找我母亲的眼光。

之后，童年母亲温暖的眼光消散在无穷的星空和无边的草原，我能够寻找到的只有别人家的一顶顶黑色牦牛帐篷——"卓巴仓"所闪烁发出的孤灯之光！从那时起，我是由不同的草原、牛羊和"卓巴仓"一步一步地养育长大的。

后来，我上学走向了更遥远的陌生世界。知道了卖火柴的小女孩冻死在平安夜，也明白了三毛流浪上海的遭遇后，更加懂得青藏高原上那些孤灯闪烁的"卓巴仓"给我的所有温暖！懂得他们是怎样让一个年仅8岁的孤儿，在1平方公里不足1人的青藏高寒草原，健康并智慧地成长！我深深懂得青藏高原每一顶黑色的牦牛帐

篷——"卓巴仓"，就是我母亲的眼睛！

再后来，因为与可可西里、藏羚羊和杰桑·索南达杰的结缘，开始了20年的青藏高原民间环保实践。当今世界各地接二连三地发生各种环境问题和生态灾难，许多山川河流和生命物种在世界其他"文明"区域内相继消失，战争和暴力越来越成为"文明"的伴侣。

在过去，青藏游牧文明的"卓巴仓"像母亲的眼睛关爱儿女一样，一直守望着青藏高原每一个生灵、每一片草原、每一处泉眼、每一座山和每一片湖。

因为青藏游牧文明的守护，青藏高原至今依然是圣洁的高天净土！有缘栖息这片高原的许多生灵，还可以成群结队地游闲在青藏高寒草原！由一家家"卓巴仓"养育的青藏游牧文明所蕴含的生态伦理价值，对当今世界所遇到环境问题具有启示和震撼的光耀！只有青藏游牧文明才能与众生生命相互滋养共荣！所以，雪域圣洁的净土，依然是亚洲水源根根血脉的源泉！

然而，在过去面对以西方的工业文明模式为参照系的现代化主流趋势，青藏游牧文明被视为落后并被边缘化。一个个"卓巴仓"、一顶顶牦牛帐篷、一曲曲牧歌、一个个牧场逐渐衰微甚至消失了！许多年轻的牧人曾徘徊在城市的边缘，失去了草原的胸怀，找不回"卓巴仓"充满自豪和尊严的生活。如今，人类超越工业文明而渴望全新文明模式的呼声与日俱增，青藏游牧文明所特有的生态文明的生命力被强心激活，"卓巴仓"涅槃重生！

涅槃重生的"卓巴仓"，不仅传承了青藏游牧文明的核心价值，还汲取了人类以往其他文明的精髓，昭示人类未来全新文明的智慧。

"卓巴仓"将在高天圣洁的雪域高原，孕育、催生并孵化出一个个众生和谐并真情温暖的天堂牧场。

"卓巴仓"未来所孵化出来的每一个天堂牧场，它不仅是所有生命的家园，也是青藏高原——亚洲水源的守夜天使。

"卓巴仓"的构建，一定要表达出未来生态文明的价值理念和后现代生活的人文关怀。

"卓巴仓"要吸收青藏高原日月山川的灵光和修行利他的人文精气，要洋

溢出母爱无私阳光的精神光芒！

　　这，就是"卓巴仓"的梦想！

**作者简介**

　　哈希·扎西多杰，男，青海省三江源生态环境保护协会秘书长。自 1992 年与索南达杰一起保护藏羚羊起，一直从事青藏高原环境保护工作，创办了青藏高原第一个民间环保组织"青藏高原环长江源生态经济促进会"，在三江源地区推动了"绿色摇篮"环境教育项目，参与了从新藏线到青藏线、从长江源到黄河源的大藏北羌塘无人区野生动物考查等多项高原生态文化保护项目，为青藏高原的生态文化保护做出了巨大贡献，获得"地球奖""母亲河奖""自然环境保护先锋奖"等荣誉。

# 牦牛，天赐的神物

东珠瑙布

玉树藏族自治州农牧和科技局致力于玉树牦牛资源的发掘与推广，并且组织举办了七届牦牛文化艺术节暨牦牛文化高峰论坛。通过多方努力，玉树牦牛于 2017 年取得国家地理标志证书；2018 年被国家农业部等 9 部委列入第一批中国特色农产品优势区；2019 年被国家农业农村部列入全国农村一二三产业融合发展先导区；2020 年被列入国家家畜遗传资源名录，使玉树牦牛真正成为"人无我有，人有我特"的青藏高原独具特色的标志性品牌。

在前后七届牦牛文化艺术节暨牦牛文化高峰论坛的基础上，玉树藏族自治州农牧和科技局即将公开出版发行一部名为《至尊至宝》的有关牦牛文化的文集，我想这一定是世世代代与牦牛相依为命的玉树藏族人民对于人类文明的一份厚礼。

作为一个曾与牦牛相依为命的牧民的儿子，获知这一消息，真是欣喜若狂，百感交集。由衷地希望《至尊至宝》的出版发行，能够把被誉为雪域之舟的牦牛，推向世界，让全世界更多的人感知牦牛的生存环境，感知牦牛的价值和对于人类的贡献，感知牦牛与雪域藏人的密切关系，感知专家学者对于牦牛的研究与评价，等等。

## 天赐的衣食父母

2005 年 5 月 2 日凌晨，国际顶级学术刊物《自然》杂志在线发表中国科学院院士陈发虎带领兰州大学环境考古团队最新研究成果"青藏高原中更新世晚期丹尼索瓦人下颌骨化石"，该研究成果将人类在青藏高原活动时间从 4 万年前推至 16 万年前。该考古团队对 20 世纪 80 年代发现于青藏高原东北部夏河县甘加盆地白石崖溶洞的一块人类下颌骨化石进行了研究，检测结果显示这块化石形成于至少距今 16 万年前，为青藏高原丹尼索瓦人。已有研究显示，现代智人于距今 3 万年至 4 万年前到达青藏高原。此次新发表的研究成果表明，可能携带了适应高寒缺氧环境基因的古老型智人——丹尼索瓦人，已先于现代智人来到青藏高原，且在第四纪最大冰期时已成功生活在这一寒冷缺氧高海拔区域。这一成果不仅将青藏高原史前人类活动的历史由距今 4 万年推前至距今 16 万年，而且为进一步揭示现代藏族和夏尔巴人群高海拔环境适应基因的来源提供了新线索。

上述研究表明，早在 16 万年前在青藏高原就已经有人类活动了。而无论是考古学家为了便于区别研究而命名的"现代智人"还是"丹尼索瓦人"，他们都一定毫无疑问是青藏高原的世居民族藏族的祖先之一。有考古研究表明，最早的原始人类，蓝田人、元谋人、巫山人、北京人、山顶洞人，主要靠狩猎采集为生。青藏高原的藏族先民也不例外，其主要生活来源靠狩猎为主。

鄙人曾经写过这样一段歌词："野牦牛从远古走来，退去野性的本质，走进藏族的家园，用生命的乳汁滋养雪域儿女。"野牦牛，从何时起与黑发藏人结下了不解之缘，已无法做详细的考证。但是，在人类历史的发展史上，是藏族先民最先驯服了野牦牛，使野牦牛成为家牦牛、成为藏族人民赖以生存的物质基础，这已成为不争的事实。藏族先民对野牦牛的驯化，促使了人类从狩猎生活模式向放牧生活模式转变，促进了青藏高原人类文明的发展。

自从藏民族将野牦牛驯化为家牦牛以后，牦牛不仅是藏族人衣食住行的载体，更是精神信仰的寄托。它性情温和、驯顺善良、大智若愚、大巧若拙，具

有极强的耐力和吃苦精神，在高寒恶劣的气候条件下，无论是烈日炎炎的盛夏，还是冰雪袭人的严冬，均以其耐寒负重的秉性，坚韧不拔地奔波在雪域高原，勇往直前地将亘古荒原驮向五彩缤纷的现代。可以说藏民族的衣、食、住、行处处都离不开牦牛，牛乳、牛肉、牛毛、牛骨、牛粪等，均为在世界屋脊上历经千险万难，勇敢而顽强地生存下来的藏民族提供着生活、生产必需的资料来源，成为一代代在雪域高原上繁衍生息、发展壮大起来的藏民族生命与力量的源泉。

雪域高原因为高寒缺氧，自然条件极其恶劣，常人难及，所以被世人称之为生命禁区。然而藏族人却能够在优胜劣汰的大浪淘沙中，世代繁衍，生生不息。一方面，他们靠的是自身的坚毅、无畏和迎难而上的精神内质。另一方面，他们在长期与大自然共存的实践中，总结出了与自然万物和谐共存的秘诀——敬畏自然，呵护自然。他们在生产与生活的过程中，细致入微地研究着人与自然的关系，所以他们找到了打开与自然万物和谐相处的金钥匙。开始把狩猎转化为驯养，亦即有了驯化野牦牛为家牦牛和驯化盘头羊、岩羊等为绵羊、山羊的人类文明的进化过程。同时保留了人与人之间真诚相待、和睦相处的最朴素的人情本质。我想，这就是藏族人为什么能够世世代代在自然环境极其恶劣的雪域高原繁衍生息的大智与大慧。特别是藏族人与野牦牛结缘，把野牦牛驯化的像家庭成员一样温顺、亲和、通人性，与之朝夕相伴，和睦相处。牦牛也开始用生命的全部滋养雪域儿女，使藏族人的衣、食、住、行都依托于牦牛的奉献。藏族人与牦牛的命运就是这样息息相关，不离不弃。雪域藏族吃的是牦牛肉，喝的是牦牛奶，住的是牦牛帐篷，搬迁转场靠的是牦牛来运输。因此，说牦牛是"苍天赐予黑发藏人赖以生存的衣食父母"一点也不为过。

## 浑身是宝，无愧"神物"

牦牛，浑身是宝，不愧为青藏高原的"神物"。牦牛肉，其肉质独特，富含营养，无膻味，味道鲜美，属于典型的"高蛋白、低脂肪、优质安全"的动

物食品。有资料显示，牦牛只有在每年 6—9 月份怀孕产牛犊时才产奶，产奶期不到普通奶牛的一半，每头牦牛每天平均产奶量仅为 1.5 千克，仅是普通奶牛的 1/35，因而奶源极其珍贵。

牦牛奶醇香浓郁，不腥不膻，无异味，是婴幼儿、产妇、老弱病残的最佳饮品。牦牛奶还可以分离出酥油、奶酪等高蛋白高能量的食品。特别值得一提的是用牦牛毛编制的帐篷，冬暖夏凉，是迄今为止最为科学的移动房屋。艳阳高照时，自然撑开，通风换气。阴雨连绵时，自然收缩，遮风挡雨。再说牛粪，世上任何动物的粪便都奇臭无比，令人作呕。唯独牛粪可以直接用手捡，作为燃料使用。而且当牛粪炉燃烧的时候，袅袅青烟所飘出的是一股股花草的清香。它无愧于鲜花和青草的原料，在牦牛特殊的身体机器里加工成产品，是雪域牧人最温暖的伙伴。综上可见牦牛浑身是宝，数不胜数，称它为"神物"当之无愧。

## 玉树牦牛，独树一帜

在雪域高原，牦牛一直是藏族人民心灵深处精神的图腾，因为它象征着宇宙万物的形成。藏族创世纪神话《万物起源》中说："牦牛的头、眼、肠、毛、蹄、心脏等均变成了日月、星辰、江河、湖泊森林和山川等。"所以，在青藏高原，凡是有藏族人居住的地方，就一定有豢养的牦牛。然而在众多牦牛类群中，玉树牦牛，独树一帜。

以庞大的身躯和力大无比著称于世的野牦牛，在曲麻莱草原繁衍生息，成为青藏高原上威风八面，凛然不可侵犯的动物之王。迄今为止，这些体形粗犷，生活在海拔 4 000—6 000 米高度的野牦牛傲视脚下的山川大河，自由自在地走进牧场，与家养牦牛喜结连理，它们的子孙被牧民亲切地称为"野血"。青海省作家协会主席、著名藏族女作家梅卓女士以她文人的内涵和丰富的想象又将"野血"提升了一个档次，称其为"野血烈焰"。的确如此，这些野牦牛的后代，奔走在曲麻滩草原，俨然一团团移动的烈焰，形成一道道亮丽的风景，成为玉树畜牧业繁殖过程中最优良的品种。

玉树牦牛豢养历史悠久，其主要特性是毛色以全黑、黑褐色为主，前胸、体侧及尾部生长着 20—28 厘米的长毛。绝大多数有角，角粗壮，皮松厚，偏粗糙型，颈部结合良好。额宽平，胸宽而深、前驱发达，腰背平直，四肢较短而粗壮、蹄质结实。公牦牛头粗大、鬐甲高而丰满，体躯略前高后低，角略向后向上、向外开展再向内合围呈环抱状，角尖略向后弯曲。眼大而圆，眼球略突而有神。母牛头部较轻，面部清秀，角细而尖，角型一致。鬐甲较低而单薄，体躯长，后躯发育较好，肌肉丰满。成年公牛体一般高 128.9 厘米、体长 146.7 厘米、胸围 197.7 厘米、管围 21.6 厘米，体重 393.2 千克。成年母牛体高 110.2 厘米、体斜长 146.7 厘米、胸围 1552 厘米、管围 14.3 厘米，体重 212.9 千克。成年公牛屠宰率和净肉率分别是 51.7%、412%，成年母牛屠宰率和净肉率分别是 51.2%、41.5%。

玉树牦牛，对青藏高原腹地高海拔高寒独特的自然环境，有极强的适应性，且抗病力强、役用力佳、极耐粗饲、遗传性能稳定，具有产肉、产奶性能优良的特性。

长期以来当地牧民在选留、选种、选配的过程中都按照"玉树牦牛"的特点和标准进行繁育，使得其体形外貌特征和遗传特性得到了较好的保留和延续，从而成为青海省高海拔地区牦牛类群中极具特色的一支。由于玉树牦牛高大体壮，威风凛凛，吸引了许多从其他牧区前来参观的人。当人们目睹玉树牦牛的高大时，赞不绝口，都说从未见过如此强壮高大的牦牛品种。

## 开发利用，重中之重

玉树牦牛肉质优良、脂肪酸种类丰富，高蛋白、低脂肪，矿物元素丰富，氨基酸种类齐全，肌肉嫩度小。乳脂率及乳蛋白含量高，能在高原绿色生态养殖业和特色畜产品产业的发展中发挥积极效用，推广应用前景被普遍看好。此外，在学术研究上，尤其是对于高原生物类群研究中牦牛类群的迁徙、进化以及生物多样性等有着很高的研究价值。

然而，作为"野血"遗传基因的玉树牦牛，一直都被划分在青海高原牦牛品种中，其特点、特色，尤其是此良种的繁育与推广都没有得到充分的研究和开发利用。为了让玉树牦牛这一独一无二的优良种类不断繁育壮大，应制定品种标准，并在核心产区建立种质资源保护场和种畜场，建立资源保护和良种繁育体系，在周边地区加大种畜培育和推广玉树牦牛优良种畜力度，提高良种化水平，建设种畜强区；合理开展杂交利用，加快品系培育和犏牛生产等研究；推进健康、规范化养殖技术研究与示范，提高生产性能，同时加大肉、乳、皮、毛、骨等产品的开发力度，提高玉树牦牛遗传资源的综合开发利用水平，促进牧民的增收和畜牧业持续健康的发展。

牦牛，具有"坚忍不拔、忍辱负重、吃苦耐劳、无私奉献、勇往直前"的精神。可想而知，藏族先辈在与牦牛朝夕相处的过程中，正是因为得到了牦牛精神的启发和激励，才具备了特别能吃苦，特别能忍耐，特别能战斗，特别能奉献的大无畏青藏高原人的精神风貌，也正是因为具备了这一精神内质，才从几万年的生命历程中战胜无数艰难困苦，不断发展壮大。

而这一充满正能量的精神内涵，犹如奥林匹克精神一样，不仅是雪域高原人的精神风貌，更是全球人类所共同追求的极高精神境界。

让牦牛精神永远闪烁在世界屋脊的顶峰，就是要不断健全和升华全人类的精神实质，让这种精神发扬光大，传承不绝，使人类的精神家园充满和谐友善、积极进取、奋发有为、和平安宁、吉祥幸福。

**作者简介**

东珠瑙布，藏族，玉树巴塘人。诗人，词作家。系青海省作家协会会员、青海省摄影家协会会员、青海省影视家协会会员、中国文艺人才库创作委员。创作诗歌、散文近千首（篇），歌词百余首，影视片近百部。创作有《天边的流响（之一、之二）》（歌词、诗歌分集）、《东珠瑙布诗文集》《玉树历代文化名人录》，电视纪录片《山清水秀三江源》《天成杂多，人间奇景》《亲亲母亲河》《卓木齐三绝》《旋歌五十载》等近百部。曾获"青海省政府第六届文学艺术创作奖""第十届中国旅游电视周优秀纪录片奖""第十届中国旅游电视周优秀专题片奖""大美青海旅游宣传微视频征集比赛入围奖""唐蕃古道文学奖""《战役情 我们在行动》作品征集活动重点扶持奖""抗疫主题原创歌曲优秀作品奖"等国家及省内外诸多奖项。

守望家园

养精蓄锐

舐犊之情

曲麻莱县曲麻河乡多秀村偶然发现的白脸野牦牛

畸角

无角

# 我是牦牛

荣浩·丁增求军

我是牦牛
生活在青藏高原
七千年前我与人类结缘
在漫长的历史长河中
同生存
共生活

我是牦牛
长相憨厚
秉性忠诚
情怀悲悯
力量坚韧
气势勇悍

我是牦牛
我靠草生存
草因我丰美

为维持高原生态平衡贡献力量
确保一江春水向东流

我是牦牛
耐寒　耐旱　耐缺氧
善于行走险峭的山路
背脊上驮载着藏人的岁月和希冀
踏过茫茫雪山草原
被誉为"高原之舟"

我是牦牛
浑身是宝
吃的是冬虫夏草
喝的是高原清泉
肉是绿色有机的饕餮美餐
奶是万里长江的源头活水
绒是雪域儿女的温馨居所

粪是高山草原的袅袅炊烟
被誉为"高原之宝"

我是牦牛
倾尽所有献给人类
不图回报
不求索取
对藏族人来说
我是图腾崇拜
我是财富象征
我是生存必需
衣食住行运烧耕都离不开我
被誉为"高原之魂"

我是牦牛
我感谢大自然孕育了我
我感谢人类驯养了我

同样
我也希望人类能心怀感恩和敬畏之
心
感恩我的付出
敬畏大自然

斗势

凝视

第四章　牧人谈牦牛

　　牧人、草原和牦牛是高原生态和谐三要素，相互作用，缺一不可。藏族有句谚语："黑发人依靠黑牦牛，黑牦牛依赖绿草地。"牧人驯养牦牛过着衣食无忧的日子，牦牛栖息草原演绎奉献与索取的乐章，草原有了牦牛和牧人才变得肥沃富饶。牧人把牦牛看作家里人、比作父母亲，牦牛为牧人付出所有、奉献生命，草原是牧人幸福的家、牦牛生存的园。

　　牦牛，象征着草原民族自强不息、眷念沃土的深刻内涵，是一种图腾，更是一种文化符号。牦牛身上浓缩了草原牧民在漫漫历史长河中的每一个发现，这是一段开拓生命禁区和发展远古文明的历程，其核心价值体现在人与自然的和谐共存。祖辈们为我们积累了尊重生命、敬畏自然的可贵经验，给我们留下了取之不尽、用之不竭的宝贵财富，我们要谨遵教导、谨记教诲，弘扬游牧文化，传承游牧习俗，热爱草原，钟爱牦牛，坚定不移地走"在保护中开发、开发中保护"的可持续发展路子，重操旧业，重振雄风。

# "卓巴" 局长的牦牛梦

才仁扎西和吉祥牦牛"雍"在一起

在策划《至尊至宝》时，明确主题是谈牦牛，内容由学者、专家和牧人三部分组成，方式是约稿和访谈。因为访谈牧人，我走了很多"陌路"、结识了许多"能人"，消除了更多"疑惑"，真心感到访谈内容"有血有肉"。然而，当我提出要访谈"卓巴"局长才仁扎西时，被推辞、被拒绝，理由是"我不是牧民，也不是专家，更不是学者"。

为了不留遗憾，我还是决定在平常的点点滴滴中找寻"卓巴"局长的牦牛梦。说他是"卓巴"，不仅因为他生在牧民家、长在牧区里，更主要的是他对牧民有爱、对牧业有心、对牧区有情，他爱牧民爱得真诚，真切得让人感动，他爱牧业爱得博大，博大得使人激动，他爱牧区爱得深沉，深沉得叫人难忘。

突然想起，州人大常委会副主任李生德写的一篇文章《牦牛的前世今生》，如果把才仁扎西和牦牛的故事写成一本书，可能就是一个真实生动的素材。

在访谈过程中，我了解到"卓巴"局长在 20 年前担任曲麻河乡党委书记，

当时组织创办的野血牦牛繁育协会发挥了大作用，形成了地域特色品牌，对青海乃至周边藏族地区的牦牛提纯复壮做出了贡献。那批野血牦牛的繁育示范户，早已硕果累累、功成名就，成为标杆。这一批示范户影响和带动更多的牧民参与其中，野血牦牛的繁育成了当地群众的"拿手戏"，也让曲麻河乡因此名声远扬。这次我和才仁扎西局长去曲麻河乡多秀村访谈牧人，见到了第一批野血牦牛的繁育示范户之一色吾加，他很感激才仁扎西给他们指了一条光明道，粗略地估算近十年良种繁育的累计收益至少 600 万元。路上，也碰巧进了才增的家，阔别十几年后老两口突然见到才仁扎西特别激动，久久凝视说不出话来，只是紧紧地握着恩人的手不放，生怕再别就见不到他。临走时，特意把（当年是犊、后来有功）那头母野牦牛头骨请出来，作为纪念送给了他。在别人看来那是一个普普通通的牦牛头骨，在他们眼里这是一种实实在在的情感寄托。

那个不起眼的牦牛协会也发挥了了不起的作用，曲麻莱县西部乡镇牦牛"黑色化"率达到 95% 以上，为整个玉树牦牛提纯复壮工程的顺利实施做出了积极贡献。协会会员索南尼玛欣慰地说："幸亏当年听了才书记的话，牦牛黑色化的路子算是走对了。"

两次多秀行，多种访谈感。我很震撼，这里的普通牧民对草原和牦牛的依存关系有洞察、有研究、有见地。我很欣慰，这样的偏远乡村把牦牛产业做得有质量、有规模、有效益。我很感动，这种是故似亲的关系水乳交融，老书记到牧户就像到了自己家里一样熟悉，牧民见老书记就像见到自己亲人那样高兴，每每遇到这种情形的时候，一次次触动我的敏感神经，久久不能平息。这一切，源自才仁扎西的"卓巴"情和牦牛梦，这份情是真挚的，这个梦是共同的。看到这一切，我暗暗佩服才仁扎西超前的思路、长远的眼光和英明的决策，不由得在脑海里浮现出一幅乡镇干部进村入社、走帐串户的亲民画面和务实场景。

我很庆幸和这样"接地气"的领导一起共事，也很荣幸和这个"卓巴"局长一块谈牧业、说牦牛，和他在一起总能找到一种存在感、总会觉得有些收获感。我一直觉得组织的慧眼是识人的，让才仁扎西当局长、管牛羊再合适不过了，只有他最了解农牧区、最在乎农牧业、最心疼农牧民。熟悉他的人都知道，

他爱牦牛胜过爱自己，因为他觉得牦牛对牧民有恩、有牦牛就有一切。值得欣慰的是，"卓巴"局长在七年的任期里做了很多对牦牛有益的事，不仅给玉树牦牛正了名，而且让玉树牦牛出了名，国家层面许可了玉树牦牛的畜种，专家层面确认了玉树牦牛肉"肉中之冠"的品质，大众层面认同了玉树牦牛资源的稀有与珍贵。

我亲身经历过 1985 年和 2019 年的特大雪灾，让我对这两场同样的雪灾、不一样的结果印象深刻、终生难忘。1985 年的那场雪灾是毁灭性的，西部六乡的牲畜几乎"全军覆没"，那个冰雪覆盖、牲畜死尸遍地的场景深深烙印在 12 岁少年的心坎上，永远无法抹去。从那以后我以为，雪灾不可抗，养畜要靠天。直到 2019 年雪灾之后，我的认知有了颠覆性的改变，坚信雪灾可抗、牲畜能保。我清楚地记得，在 2019 年那场雪灾中"卓巴"局长最着急、最用心，在长达 100 多天的时间里一直坚守、昼夜兼程、忘我工作，直到冰雪消融、春暖花开。雪灾中，"卓巴"局长特意从重灾区称多县清水河镇扎麻村损失最惨重的养畜大户索才家拿回一只牦牛角，把它带在身边做纪念，同时经常给牧民群众讲述这段"鲜为人知"的故事。索才因没有加入合作社、缺少劳力在雪灾中造成 128 头牛全部死亡，惨痛教训引人深思。

有人说："谁拥有种源，谁就拥有世界。"这句话饱含哲理，说明了种源的重要性。这几年，"卓巴"局长似乎也在践行这句话，玉树连续举办了七届种公牛评比活动暨牦牛文化产业高峰论坛，每次高达十万、五万和三万元不等的奖金让当地养好牛的牧民收获满满，每年来自省内外知名的专家学者使牦牛主题论坛硕果累累。有一年，来自玉珠峰山脚下热嘎老人的一头牦牛摘得"桂冠"，获得十万元"头奖"，喜讯在草原牧区不胫而走，反响热烈。在之后的几届评比会上，参赛的牦牛品种越来越好，竞争也越发激烈，活动的规模和影响逐年在扩增，意义和效果不断在显现。在玉树乃至青海已经营造了育良种、养好牛的浓厚氛围，大通牛场引入玉树牦牛优良品种获得成功，环湖地区青睐玉树野血牦牛不惜重金推广，争相繁育良种牦牛。如果说，玉树畜牧业曾经的一段低迷期使牦牛品种退化了，那么现在已经有了行动、开始在改变，玉树牦牛提纯

复壮工作成效日益显现。

耗时三年之久的专题纪录片《野血》，首次让全国观众实景实况了解了玉树牦牛生产、饲养的全过程，获得了震撼的视觉效果和广泛的社会关注。从此，也让玉树牦牛频频亮相央视、走进北京、步入人民大会堂，知名度越来越高，影响力越来越大。在宣传、推介玉树牦牛的过程中，"卓巴"局长和他的"牛友"们历经了无数的艰难，付出了艰辛的努力，有很多不为人知的故事。有一首歌这样唱道："你用生命的全部幸福藏家，曲麻滩因你的存在名声远扬。"这就是一个真实写照。

才仁扎西与牦牛的机缘似乎是天注定，他和牦牛的故事很多、很感人。和才仁扎西一起下乡的同事们都知道他有个习惯，路上只要近距离看到牛或牛群他都会让司助人员减速慢行或停车详看，甚至还会下车直奔牛群。如果看见有放牧员在，他一定会走过去和他（她）们聊会儿天。有几次偶遇了被狼袭击的牦牛，他总是想尽办法进行救治，等到没有大碍才会放心地离开，事后还会专门去看望或打电话询问情况，反复叮嘱牧户一定要照顾好、看护好。有一次去相古村下乡的路上，一头母牛静卧在山坡上，他好奇地走过去看，到了跟前才发现原来母牛刚刚被狼袭击受伤了，他马上拨打电话联系兽医人员进行救治，反复叮嘱牧户小心看护。一次去治多县的路上，傍晚一群牦牛从车前经过，发现有一头被狼咬伤的牦牛没有尾巴且伤口发炎流脓，才仁扎西马上停车下去了解情况，随即叫来立新乡兽医人员进行医治，直到晚上 10 点左右才离开。过了几天，他专门打电话了解情况，得知那头牦牛伤口愈合、无碍健在时，他会心地笑了。去哈秀下乡路上，他看到一头牛犊拴在房前，好奇地下车前往查看，问过女主人后得知小牛犊险入狼口，伤及盆骨，下肢瘫痪，无法正常行走，只能挪动身躯，索性没有生命危险。才仁扎西很是惋惜，好几次试图用手搀扶牛犊站立行走，但无济于事，只好无奈地离开。

他经常说："我是牦牛的儿子"，很多人说他是"牛局长"，吴德军书记亲切地称他为"牧友"。西藏牦牛博物馆馆长吴雨初创作的《形色藏人》中有一期专门写了才仁扎西，他在文中写道："我与才仁扎西相识，起源于牦牛。"青

海省作家协会主席梅卓称赞才仁扎西是牦牛专家。的确，才仁扎西对牦牛的爱深入骨髓、融入血液、植入心扉，没有哪个人像他那样钟情于牦牛，只要与牦牛有关的人和事他都会关注、关心和关爱，他唯一的心愿和想法就是要让牦牛成为玉树的符号。

写到这里，我觉得很释然，有一种说不出的轻松感，总算道出了所有想说的话，也算是对自己的一个交代吧！此时此刻，我想象藏族先民赶着牦牛从远古走来的样子，也回忆世代牧人骑着牦牛在高原游牧的情景，更憧憬才仁扎西牵着牦牛走向世界的美好，愿"卓巴"局长的牦牛梦早日实现，愿人类的牦牛事业如日中天。

# 玉树生态畜牧业合作社的一面旗帜

曲麻莱县红旗村生态畜牧业合作社理事长　旦争才仁

　　"红旗模式"以曲麻莱县叶格乡红旗村生态畜牧业合作社闯出的实践路子而得名，是玉树藏族自治州生态畜牧业合作社的成功模式，也是全省 3 个省级示范社样板之一。

　　在"红旗模式"的示范引领和有效带动下，玉树藏族自治州成为全国草地生态畜牧业试验区建设的主战场，玉树市下拉秀镇钻多村、称多县拉布乡车所社、治多县治渠乡同卡村、杂多县结多乡优美村、囊谦县吉曲乡外户卡村等 28 个生态畜牧业合作社先后成为试点建设单元，红旗村合作社 2011 年正式成立，入社草山面积 11.7 万亩，牲畜 1 220 头（只），自 2013 年实现分红以来，累计分红资金达到 343.16 万元，牧户最多分得红利 12 万元，全面推行了股份

制改造，加快了新型经营主体的培育步伐，红旗村生态畜牧业合作社已经成为发展畜牧业的中坚力量和助推精准扶贫的有效载体。

2008年，全州试点开展生态畜牧业合作社建设，红旗村在致富带头人旦争才仁的勇敢、执着和努力下，走出了一条不一样的"合作路"，成为玉树生态畜牧业合作社的一面旗帜。

旦争才仁还清楚地记得，合作社刚刚成立时启动资金还不足3 000元，他兴办合作社凭的是不认命的心、豁出去的胆，靠的是真真切切地做、踏踏实实地干。要成功并不容易，要成为样板更不简单，红旗村率先整合草山、牲畜和劳力"三要素"，率先完成股份制改造，率先实现"现金"分红，每一次的不容易、不一样成就了每个阶段的不简单，让红旗村顺理成章地成了样板。理事长的想法超前、做法超群，合作社的模式迅速"走红"，效益备受"点赞"。

现如今，红旗村生态畜牧业合作社不仅养羊养牛，还做起了餐饮、货运等生意，已经走上了"三产"融合发展的新路子。据合作社理事长旦争才仁介绍说："2018年合作社的纯收入达到近百万元（998 700元），乡上开的藏餐馆盈利21万元，一辆半挂车跑运输挣了19万元，再加上把风干肉和畜产品卖到格尔木、拉萨、西宁和结古等地，获得纯利润50余万元，年底给社员们现金分红468 792元。今年，合作社分红资金达145万元。"

在谈到合作社的未来方向和发展前景时，旦争才仁信心满满地说："现在合作社越办越好、生意越做越大，每年都能盈利，每年都有一定数量的贫困户实现脱贫，大家都很认可。将来还要扩大经营规模，走产加销一体化路子，提高畜产品的附加值，让社员收入更多、生活更好。"

的确，就像旦争才仁理事长说的那样，红旗村合作社初具规模、运营规范、效益显现，成为当地群众稳定增收的"放心社"。如同合作社所起的名字一样，一面红旗冉冉升起在高原牧区，迎风飘扬，鲜艳夺目，成为玉树生态畜牧业合作社的"标杆社"。

# 全村的劳力、草山和牲畜都入社了

治多县同卡村生态畜牧业合作社理事长　存多

严格来讲，以村为单位的生态畜牧业合作社，需要实现草场、牲畜和劳力等三要素完全整合，从而达到规模化生产、集约化经营、科学化管理、效益化发展的要求。现阶段，全省乃至全国所有生态畜牧业合作社还处于发展初期，各地区合作社模式不一、做法不同、进展不平，要素整合、股份改造和效益分红的情况也各有千秋。然而，同卡村生态畜牧业合作社率先完成"三要素"整合，走在最前列。

2008 年，同卡村作为全省首批生态畜牧业合作社进行试点建设，采取行政干预的办法让三个社的 30 户被动入社，同卡村和全省其他试点社一样，走过了一段漫长的排斥、观望和徘徊之路，直到 2014 年才慢慢发生了从不支持

到支持、不接受到接受的根本变化。

2015 年完成了全村 73 万亩草场的整合，2016 年所有牧户每户入股一头生产母牛（带当年仔畜），共计 552 头，年底分红 26 万元。2017 年 6 户牲畜、劳力全部入社，实现分红 70 万元，老村医江文一家分得 13 万元。2018 年又有 20 余户自愿入社，合作社当年分红 108 万元。2019 年，知道入社牧户尝到甜头后的其他村民看到了合作社的希望，纷纷要求加入合作社，最终实现了全村牲畜、劳力入社和全部资源整合的目标。据村支部书记存多介绍，2019 年合作社分红资金规模达 200 多万元，计划在虫草采集结束后举行发放仪式。目前，同卡村 276 户、1 136 人、9 763 头只牲畜已全部加入生态畜牧业合作社，三要素整合率达 100%，成为全州乃至全省真正意义上的村级合作社。

也许，很多人认为同卡村生态畜牧业合作社不太可能实现 100% 的三要素整合率，持有怀疑态度，觉得难以置信。其实，同卡村具备了天时地利人和的先决条件，凝练了独具特色的成功模式。主要具备六个特点：一是干部公心重。存多书记怀有一颗不变的公心，尽管亲朋好友多次劝他"先致富、少操心"，但他执意要"扛重担、共富裕"。二是村民素质高。全村人口小学以上文化程度的比重为 100%，群众对政策知晓率和新生事物的接受程度相对较高。三是养畜愿望强。虽有 176 户牧民迁居到县城，但以寄养代牧的方式养殖牲畜，不甘完全放弃牧业，不变亘古游牧之心。四是发展机遇好。国家和地方的政策导向明确，生态畜牧业合作社的扶持力度加大、发展前景广阔，群众充满期盼、满怀希望。五是自由空间大。合作社遵循"入社自愿、退社自由"原则，让入社牧户有无限的选择空间，完全消除了各种疑虑和困惑。六是入社好处多。合作社的运行机制完全考虑入社社员的利益，为群众排忧解难，替群众权衡利弊，按照"怎么好就怎么来"的办法，让利于群众，放权给社员，不让老百姓吃亏，最大限度地保障入社牧户的利益。

在同卡村生态畜牧业合作社，社员们的牲畜、草场和劳力按股入社、按劳计酬、计股分红，实现了绝对公正、相对公平、完全公开的愿望。资源要素入社按每头牛 /1 股 /500 元、1 亩草山 /1 股 /4.9 元、放牧员报酬每年牛 /150 元、

羊/100元计算，年底一次性现金兑现。此外，还有更多实物收益、劳务机会和间接好处，做到了给群众便利、让社员满意。

同卡村生态畜牧业合作社在完全激活三要素的基础上，开始走绿色有机畜牧业的发展路子，已经完成草场有机认证，正在与省内知名龙头企业阿米雪乳业有限公司达成合作框架协议，计划签订1 000头生产母牛的乳品订单供应合同，形成"企业＋合作社＋牧户"的产业链发展模式，增加群众收入，提高牧业效益。对此，存多书记满怀希望、充满信心。

也许，有人会怀疑"同卡模式"存在的真实性，但我切身地体会到合作社社员的"幸福感"，当我为合作社"社员利益最大化"的路还能走多远感到疑虑时，存多书记坚定的答复让我彻底消除了不必要的担心，反而更加坚信"同卡模式"将会引领生态畜牧业合作社走捷径、入佳境、创成功。

# 东迁户务工 西居者务牧

治多县莫曲村生态畜牧业合作社理事长　向巴求培

在天边索加乡的莫曲村，牧人们延续着世代相传的畜牧产业，从事着逐水草而居的游牧生产，悠闲地过着日出而作、日落而息的简单日子。直到 1985 年那场特大雪灾后，牧人们赖以生存的命脉产业遭受重创，30 余户莫曲绝畜户不得已选择了背井离乡、弃牧进城之路，被迫成为治多县贫困户的代名词——"东迁户"。一直以来，索加乡的东迁户受体制机制约束和历史原因，长期处于"上不靠天、下不着地"的境地，生产无依靠，生活无着落，催生了一批特困群体。

该村地处玉树西南边缘，与西藏安多接壤，距离治多县 265 公里，到索加乡驻地也有 50 公里远。全村有 515 户、2 360 人，其中留居在牧区养畜的

265 户、1 123 人，搬迁到城镇的 250 户、1 237 人，草场面积 2 220 万亩，牲畜 23 886 头（只匹）。

近年来，莫曲村还有两批政策性移民搬迁户，衍生出"东迁户""移民户""牧民新村"三种不同时期、相同模式的无畜户，户数分别为 140 户、78 户和 32 户，约占全村总户数的 48.5%。随着三次较大规模移民潮的到来，莫曲村大片草场处于闲置无人的状态。

所有这些困难和问题，让莫曲村党支部书记向巴求培感到特别棘手、很是头疼。在他的极力感召下，村党组织从 2008 年开始实施了"守土护园、扶危济困"专项计划，由 18 名党员率先垂范，自掏腰包筹集 4 万元组建了贫困互助合作社，开辟了一条稳边界、真扶贫的创新路。到 2011 年，边界问题基本达成和谐发展共识，合作组织实现效益分红，收益社员最多能分得现金 1 万元左右，增购母畜 20 头，起到了脱贫致富、引领发展的作用。

直到 2017 年，合作社在原有基础上进一步扩大收益面、扩大生产力，让所有建档立卡贫困户加入合作社，集中使用产业扶持项目资金购置 3 305 只羊，由莫曲二组 16 户留居户分组养殖，三年后在保本留底的前提下给贫困户分红活羊 350 只。同时，合作社还利用北京对口援建资金 55.3 万元购得生产母畜 48 头，夯实了发展基础。

莫曲村在长期的实践过程中不断总结经验教训，不断汲取群众的创造智慧，摸索出了一条切合实际、符合要求、顺应民意的"东西结合、三产融合"之路，呈现出良好的发展势头。这一切，都是现年 65 岁高龄的老支书向巴求培亲自谋划和推行的思路举措，很受欢迎，深得人心。他一贯倡导同发展、共荣辱的理念，极力营造和谐繁荣的局面，针对莫曲村东部搬迁户劳力资源丰富、西部留居户养畜意愿强烈的实际，有效利用退牧还草、异地搬迁、草原补奖等国家政策，提出了东部务工、西部务牧的思路，采取了草场整合划区、牲畜合作共养、劳力集中输出的办法，对有草有畜、有畜无草、无畜有草、无草无畜的牧户合理划分为四种共赢模式，因地制宜地分配产业，组织创收，形成了西部搞养殖、东部搞创业、合作共发展的格局，达到了草不闲置、畜有人养、人有事干的目

的。在他的带领下，莫曲村的村民分工明确、权责均等、产业兴旺，留居户负责管护草场、养殖牲畜，不愁草场不够，不怕收入不多，可以安心从事第一产业；东迁户经营石磨炒面、服饰裁缝、汽车修理等 3 个实体门店，做到有事干、有收入，能够潜心创业致富；牧民新村和移民搬迁户在享受惠民政策的同时，参与铁匠铺、烤饼店的经营活动，组织创收。

莫曲村聚民智、顺民意，深研细究"八一"的实际，做深做细"结合"的文章，"统"的功能显现，"合"的力量强大，"融"的效果凸显。如今，全村面貌焕然一新，彻底改变了过去边界乱、移民穷、人心慌、矛盾多的状况，已经形成了上下齐心、共谋发展的良好氛围。

今年，向巴求培本来想卸任村支书职务，安享晚年生活，但又被组织上委以重任，书记、主任由他"一肩挑"，让他继续带领群众干事创业，发挥余热。在谈到今后打算时，向巴求培书记的脑海里已经勾画好了莫曲建设"羊村"的蓝图，未来的莫曲村将成为治多县三产融合示范村和藏羊养殖大基地。

# 要在保护中开发稀缺的牦牛资源

曲麻莱县昂拉村生态畜牧业合作社理事长　才丁加

才丁加，现年 25 岁，是曲麻莱县曲麻河乡昂拉村党支部书记兼村委会主任。中专文化程度，在村里算是个文化人，2015 年任村委会秘书，2017 年任村主任，2020 年 5 月书记、主任"一肩挑"。初次见到他是在去年的一次生态畜牧业合作社调研座谈会上，他给我留下了特别深刻的印象，不仅因为他年轻有为，而是因为他说的一段意味深长的话，深深刺痛了我的敏感神经，让我陷入沉思之中。他说："牧区的牛羊快要成为濒危物种，必须加以保护。"这句话像警语、似名言，告诫世人要反省、切谨记。也许，很多人对牧区的认知始终定格在某个特定的历史阶段，就像我们儿时的记忆一辈子无法抹去。每次谈到畜牧业现状时，草场退化、牲畜超载、不出栏等词语总会不假思索地脱口而出，想当然

地估计牛羊很多，不负责地以为过牧严重，殊不知时过境迁，早已不是从前。才丁加书记的话语并非危言耸听，而且反映了牧区的现状，预见了未来的可能，他的担心不无道理、很有必要。据了解，玉树西部纯牧业乡村牲畜数量少与草场面积大的矛盾日益凸显，曲麻莱"百万牲畜大县"的声誉成为传说，索加"40万牲畜强乡"的历史不再重演，草畜矛盾由过去的"畜多草少"演变为现在的"草多畜少"，畜牧业发展面临的最大问题不再是不出栏，而是不养畜。很多牧人都坦言，生态畜牧业合作社像一颗救命稻草，艰难地支撑着畜牧业的发展。

值得庆幸的是，正当我们担心畜牧业后继无人的时候，州委党校基层干部学院举办了为期两年的村级干部培训班，培养了一批有志青年，成为村级"两委"班子的中坚力量。才丁加就是他们当中的优秀学员，也是昂拉村民心中最为满意的年轻书记，更是全县村级干部之中最有潜力的希望之星。他就像那颗在星空中闪耀的"北斗星"，引领着昂拉群众发展畜牧业，共同脱贫致富奔小康。

真正让他有想法、能作为是在州上培训学习之后，他在两年的时间里学到了理论，增长了见识，开阔了思路，尤其到华西村、海北州、天峻县实地参观考察，让他感触多、启发深。在他的精细化运营、科学化管理下，昂拉村生态畜牧业合作社在短短三年时间里实现效益分红，2019 年一次性出栏 800 多头牛，入社社员人均纯收入达到 5 000 元，创造了奇迹。从此，才丁加的能力得到公认，水平有了提升，在群众中威信更高、口碑更好。村民们已经把所有的希望寄托在他的身上，组织上也把全部的重担压在他的肩上，让他励志图强、负重前行。才丁加深知使命重、责任大，也明白困难多、道路远，决心不负众望、不辱使命，勇敢担当、勇往直前。

谈到昂拉村未来的发展方向，他坚定而又自信地提出"三个要"思路，即：一要靠党组织建设，二要走合作化道路，三要抓旅游业发展。他说："支部引领是关键，38 名党员是 38 面旗帜；合作社建设是核心，抓好合作社就能稳住畜牧业；挖掘资源是保障，昂拉村境内玉珠峰、七渡口、古岩画等名胜古迹资源丰富，特色旅游开发潜力大。"才丁加书记唯一担忧的还是昂拉村的牛羊数越来越少，全村 430 户、1 465 人，只有 13 000 多头牲畜，人均牲畜头数不足 10 头，

村里的牛羊数最多时十余万头，羊的数量更是少得可怜，仅剩 1 300 多只。他担心弃牧进城的牧户数会超过现在的 60%，也担心牛的存量会像羊一样急剧减少，他认为当务之急是阻止攀比性、竞争式地出栏牲畜的盲目行为，拯救畜牧业于水深火热之中。

看着年轻稚嫩的脸庞，听着成熟稳健的话语，几乎不敢相信一位 20 多岁的农村基层干部能有如此高远的见识、清晰的思路和坚定的决心，钦佩之余多了几分欣慰，祈愿昂拉的命脉产业兴旺发达，祝愿这颗"北斗之星"越发闪亮。

# 养畜才是王道

治多县索加乡牙曲村养畜大户　俄加

在天边索加有一个由 53 人组成的大家庭，成员都是一个名叫俄加的直系亲属，他的 7 个子女成家后都没有另立门户，都和他一起生活，最终儿女成群、子孙满堂、其乐融融。他就是这个大家庭的大家长，所有的事情都是由他说了算，一切听他操心安排，大家只管出工出力。

俄加在当地小有名气，也很有头脑，因为他勤劳、精明和智慧，所以这个大家庭不仅能够不可思议地存在，而且可以意想不到地延续，成为众人羡慕的幸福大家庭。说他勤劳是因为他吃过苦、受过累，知道什么是苦，明白什么是难，懂得付出才有回报的道理，靠勤劳的双手养活了一家人。他回忆说："那时候我们穷得叮当响，基本上衣不遮体、食不果腹，穿的是反复补过的破旧衣裳，吃的是山上的野菜和动物肉。"1985 年的那场雪灾使原本富裕的俄加一贫

如洗，死亡牲畜 1 963 头（只匹），仅剩 12 头牛、32 只羊和 7 匹马。通过政府援助和个人努力，到 1987 年他家的牲畜总数接近灾前数量，迅速恢复了元气。说他精明是因为他懂得经商，按他的话来说"没有做过赔本买卖"。他富有传奇色彩的经商小故事在民间传为佳话，他能拿一块精美的小石头换回一堆值钱的好东西，所有人都觉得不可思议；他养的藏獒与众不同，能卖高价，都说俄加的藏獒不一般；他的马在走马比赛中每次都能得第一，被誉为"金鹏"、捧为"明星"；他们家的人上山挖虫草被人们戏称为"部队"、小孩上学念书说成是"一个班"。据了解，他通过物物交换的方式做生意赚了一大笔钱，光是卖藏獒的收入就近百万，赛马获得奖金最多的一次就有 25 万元，每年采挖虫草的收入就有 15 万到 20 万元不等。说他智慧是因为他善于治家理事，唯独他能和儿媳、女婿和一大群孙子、外孙在一起和睦地过日子，唯独他能把马牛羊和山羊等传统"四畜"养着不放弃，唯独他能"兵分几路"保畜保学、不误生意、不误挖虫草。他家现有 600 多头牛、1 300 只羊、78 匹马，每年的畜牧业收入达到 30 万到 50 万元。在他看来，卖藏獒、挖虫草、比赛马都只是副业，是增收的多种渠道，具有阶段性的特点，存在不稳定的因素。身为牧民养畜才是王道，这是祖业不能丢，能管长远，必定持久，一定靠谱。现如今，俄加算是一个成功的商人、地道的牧人，他可以留在牧区养生休闲、也可以住在城里养牛挤奶，工牧兼顾，城乡结合，日子过得很富足，自己活得很潇洒，大家觉得很满意。

俄加觉得大家同吃同住、同工同劳、同贫共富，没有矛盾、没有分歧，关系很融洽，氛围很和谐。他曾经征求过子女、女婿和儿媳的意见，都不愿分开，愿意在一起。他说："即便将来子女们分开生活，也会把家产平均分配，做到绝对公平。"

今年 75 岁的俄加刚刚卸任村主任的职务，依然精神抖擞、热情豪爽，虽然在他的额头上布满了沧桑岁月留下的皱纹，却在眼神里充满了自信和包容，话语间也透露出对党和国家的无限忠诚与热爱。

很难想象，一个家庭里父母跟所有成家的子女，成年的孙子、外孙在一个

屋檐下过日子会是什么样的情况，也难以置信俄加一大家子同吃同住、同工同酬的和谐局面是怎么维持的。也许，这就是俄加的人格魅力、过人之处，这就是俄加的智慧所在、聪明之处。

# 奏响冲破禁锢的优美乐章

杂多县优美村生态畜牧业合作社理事长　尕拉旺扎

优美村生态畜牧业专业合作社成立于 2009 年 6 月，地处杂多县结多乡东南部，距离县城 75 公里，是杂多县第一个以代牧制的形式组建的生态畜牧业专业合作社。全村土地总面积 32 万亩，可利用草场面积 27.8 万亩，初期入社户 48 户，201 人，整合草场 10 000 亩。

在理事长尕拉旺扎的带领下，合作社的规模越来越大、效益越来越好，2014 年入社率达到了 70%。2016 年全面进行股份制改造，2017 年新增入社成员 78 户 290 人，入社率高达 94%，现有成员 201 户 782 人，整合草场 15 万亩、牲畜 1 410 头（只）。近 10 年来合作社给牧民群众分红盈利达 513.5 万元。

旺扎理事长说："2014 年全州生态畜牧业建设研讨会和现场观摩会就在优

美村成功举办，州委、州政府及其他各兄弟市、县的领导在调研我县生态畜牧业建设情况后，对我们的工作给予了高度评价和肯定。"的确，这几年优美村生态畜牧业合作社坚持"巩固基础为本、提升能力为要"的原则，主要采取"卖杂畜、育良种、养母牛"的办法，实现优良种公牛全覆盖、母畜比例达到 55% 以上，出栏率达到 35% 以上。

过去一段时间，受传统思想观念影响和虫草采集业的兴旺，杂多县牧区"不养畜、不出栏"的问题比较突出，畜牧业生产的积极性不高、效益相对低下。旺扎理事长不顾亲戚的"集体"反对、不听朋友的"良言"相劝，依然兴办生态畜牧业合作社，决然淘汰不合格生产畜，选择了一条养效益畜、搞合作化的

收获喜悦

科学发展路。开始，经历了一段艰难曲折的过程，慢慢地让群众理解和接受，合作社的效益也逐年显现，旺扎理事长为民务实的精神感化了社员、感召了村民，让大家见到了效益分红的实惠，看到了科学养畜的前景，内心里十分感谢和钦佩旺扎理事长。优美村合作社的成功做法，起到了很好的引领和示范作用，被当地政府树立成了标杆，临近乡村的领导纷纷赶来学习取经，解除了多年束缚畜牧业的禁锢。

现如今，优美村生态畜牧业合作社按照民办、民管、民受益的原则，建立

健全了内部各项管理制度，遴选了一批会管理、善经营、有热情的牧民、村干部、大中专毕业生、机关干部或企业家领办合作经济组织，形成了较为完善的运营机制，实现了比较可观的经营效益。

# 嘉塘草原上吹响了重振牧业雄风的号角

## ——称多县生态畜牧业合作社建设综述

　　以农牧业转型发展为根本，以农牧业效益最大化为目标，以生态畜牧业合作社建设为抓手，称多县党委、政府大力发展草地生态畜牧业合作社，强势推进股份制改造和产业转型升级工程，探索出一条适应发展、适合生态的畜牧业发展新模式，在美丽富饶的嘉塘草原上吹响了重振牧业雄风的号角。

　　称多县地处三江源核心区域，下辖称文、歇武、珍秦、清水河、扎朵 5 镇，尕朵、拉布 2 个乡和 1 个赛河工作站，有 57 个村 251 个生产合作社，称文、歇武、拉布、尕朵两镇两乡为半农半牧区，珍秦、清水河、扎朵三个镇为纯牧业区。2017 年底，总人口 6.7 万人，其中农牧业人口 4.84 万人，城镇居民人口 1.18 万人，藏族占 98% 以上。全县天然草地总面积为 2 182.09 万亩，其中：可利用草场面积为 1 858 万亩，占草场总面积的 85.1%，夏季草场面积为 1 309.32 万亩，占草场总面积的 60%，冬春草场总面积 872.88 万亩，占草场总面积的 40%。2017 年底存栏牲畜 29.01 万头只匹，其中：牛 22.34 万头，羊 6.35 万只，马 0.32 万匹。

　　近年来，称多县实施"4321"牧业产业发展新布局，按照先行试点、示范推广、全面提升三步走思路，努力打造草地生态畜牧业的新高地，共培育

发展以郭吾村车索社生态畜牧业合作社为典型的草地生态畜牧业产业股份式经营模式32个，以家庭牧场及养殖大户为典型的养畜大户家庭牧场联户经营模式11个，实现了五镇二乡一站57个行政村全面覆盖。

郭吾村车索社生态畜牧业合作社入社户95户，298人，牲畜280头，草山面积2.8万亩，劳力、牲畜、草山（耕地）整合率为93%。目前，合作社建成了车所格萨富民宾馆、惠民商铺、青稞面加工厂、货运部、车所格萨农畜产品简易加工销售点、车所德吉滩度假村、车所牦牛养殖奶液基地等多个实体，形成双赢双带的模式，初具产业融合发展的规模。2018年实现分红100万元（其中：畜牧业收入32.462万元、度假村收入9.138万元、种植业收入16.58万元、商铺收入13.635万元、磨面厂收入14.665万元、宾馆收入7.25万元和机载组收入6.27万元）。

尕青村生态畜牧业合作社，入社户数共有125户，408人，草场面积27.18万亩，牲畜总数1516头，其中牦牛416头，绵羊1100只。尕青村积极响应国家政策，鼓励一部分牧民参与牧业合作社的组建，想方设法整合草山，并从农牧项目资金及农牧民自筹资金建设了合作社基础设施建设，省农牧厅给予40万元合作社启动资金。

中卡村生态畜牧业合作社，入社202户、652人（劳力392人），草山面积68.04万亩，牲畜4401头（只），其中牦牛3301头，绵羊1100只。合作社的劳力、牲畜、草山整合率已达到100%。2018年合作社今年实现分红55万元（其中：畜牧业收入45万元、裁缝商铺收入5万元、磨面厂收入5万元）。

普桑村生态畜牧业合作社入股户数224户，入股草山面积共有36.53万亩，入股牲畜总数1307头（只），其中牦牛972头，绵羊335只，劳力345人。2018年合作社今年实现分红40万元（畜牧业收入40万元）。

文措村生态畜牧业合作社入股户数185户，入股草山面积共有65.4万亩，入股牲畜总数4602头（只），其中牦牛3005头，绵羊1597只，劳力230人。2018年合作社今年实现分红55万元（其中：畜牧业收入45万元、裁缝商

铺收入 5 万元、磨面厂收入 5 万元）。

革新村生态畜牧业合作社入股户数 508 户，入股草山面积共有 46.09 万亩，入股牲畜总数 4 952 头（只），其中牦牛 3 552 头，羊 1 400 只，劳力 960 人。2018 年合作社今年实现分红 120 万元。（其中：畜牧业收入 100 万元，商业 20 万元。）

东方红村生态畜牧业合作社入股户数 47 户，入股草山面积共有 15 万亩，入股牲畜总数 393 头（只），其中牦牛 393 头，劳力 80 人。2018 年合作社今年实现畜牧业收入分红 10 万元。

拉布乡拉司通村生态农牧业合作社入股户数 271 户，劳力 316 人，草山面积 12.71 万亩，耕地面积 15 万亩，牲畜 334 头，三要素整合率达 72%。2018 年合作社今年实现农牧业收入分红 15 万元。

全县草地生态畜牧业三个试验区完成生产要素整合并确定股金计算标准，规范合作社牲畜、草场及劳力的确权入股和投产回报。统一确定：犊牛 1 个股；3—4 岁牛 1 个股；4 岁母牛 7 个股；4 岁公牛 8 个股；6 岁公牛 10 个股；羔羊 1 个股；能繁母羊 2 个股；种公羊 2 个股。草场股金计算标准为：以 94 年草场分包到户面积为基准，草场按一、二、三类定级划分（一类植被盖度 80% 以上；二类植被盖度 50%；三类植被盖度 30% 以上）。一类草场租赁为 7 个股；二类草场租赁为 6 个股；三类草场租赁为 5 个股。人员酬劳股金计算标准：按劳分配，理事长每年薪酬 5 个股；理事会各成员每年薪酬 3 个股；其他成员（会计员、文书员、统计员）每年薪酬 2 个股；放牧员每月薪酬 6 个股。同时，按照"县有龙头企业、乡有特色产品、村有增收项目、户有效益分红"的总体思路，实施农畜产品与本地龙头企业密切合作，实现共赢目标。

近三年来，称多县级财政累计落实生态畜牧业发展扶持资金 1 019 万元，其中：草地生态畜牧业试验区后续产业发展资金 105 万元，生态畜牧业基础设施建设投入 128 万元，股份制改造资金 475 万元，购畜、移动羊圈资金 51 万元。

通过实实在在地抓牧业、兴产业，称多畜牧业发生了日新月异的变化，呈现出欣欣向荣的景象，正在依托丰富的草地资源、特色的牦牛产业和良好的合作社基础，大力发展有机产业，倾力于绿色有机农畜产品的研发加工、产业对接、平台搭建，逐步提升特色产业的公认度和知名度，努力开辟符合地域实际、生态文明、现代经济的特色牧业发展之路。

# 执着于良种繁育的"牧二代"

野血牦牛繁育能手　色吾加

　　冬日里，高原的天气十分寒冷，牧区的山路异常崎岖，一次在曲麻莱县下乡出差的夜行途中，天降大雪，前路难行，我们的车拐进山坳、驶向牧户。当晚借宿在曲麻河乡多秀村村民色吾加的家里，炉子里的牛粪火烧得很旺，瓷碗里的奶茶熬得很香，美餐一顿之后听色吾加讲了很多育种改良的"感人"故事和"动情"经历，让我对他另眼相看、心生敬意。第二天，临走时我们都有点不舍，相互约定年内再次见面、再谈牦牛。

　　曲麻河乡多秀村位于三江源腹地，西接可可西里，北近昆仑山口，属于野生动物与家畜混居区，野血牦牛繁育的自然环境优越、资源优势突出，历来是

良种繁育的重要基地。

6月的多秀草原草木返青、绿意盎然、牛羊遍地，到处呈现出欣欣向荣的景象。

按照之前的再会约定，怀着些许的好奇之心，我们又一次踏上了西行"探牧"之路。色吾加的家随着牛羊转场搬到了夏季草场上，和他相遇是在水草丰美的夏季牧场，他身穿藏服、骑着一匹枣红色骏马，面带着微笑从远处牛群放养的地方飞快地赶来。到了跟前迅速下马，小跑着说："嘎额替"，接着和大家亲切地行了贴脸礼。

现年45岁的色吾加，是专注于野血牦牛繁育的第二代，他的父亲欧昂是远近闻名的良种繁育"土专家"。受父辈的影响和熏陶，色吾加对野血牦牛繁育的信念坚定而又执着。现在，他也成为小有名气的野血繁育"懂行者"，几乎所有的人都承认他家的野血牦牛是最纯的，也最能卖上价。

第一代良种繁育者　欧昂

色吾加每每谈到野血牦牛繁育的经历，总是很亢奋、很激动，总能说得头头是道、滔滔不绝。早在20世纪60年代末、70年代初，多秀二组就有野血牦牛和扎什加羊的繁育场，他的父亲是出了名的繁育能手，获得过很多的荣誉。色吾加听父辈说，那时候重点繁育野血牦牛和扎什加羊，目的是让牦牛"黑色化"、使绵羊"产两胎"，当时产仔的羔羊一般体重达100斤左右，现在看来几乎是天方夜谭。他是在父辈硬实的基础上继承了野血繁育的传统，真正专注野血牦牛繁育事业是从2011年开始的，经过两代人的坚持和努力，他家的牦牛全部完成优良品种的选育目标，野血牦牛的纯种率达到90%以上，而且野性驯化程度完全达到家养标准。按他的话说："我的牦牛都是第一代野血牦牛，父系纯野牦牛、母系一代野血牦牛，血统纯正，品种优良。"村里还有近40户

也在繁育野血牦牛，数量也有近千头，但比起色吾加养的牦牛都略显逊色，大家都知道当中饱含的不易和艰辛，都明白需要坚持 20 年甚至更久的时间才能实现，到那时也可以像色吾加一样"名副其实"。

色吾加的羊群数量不仅超过了 1 000 只，而且品种优化率高达 80% 以上，大多是 3 只扎什加种羊的后代。去年他还专门从海南州兴海县以三万元的价格引进一只野血盘羊种羊，繁育了 30 只小羔羊，期待会有好的结果。

近两年，他把 220 多头野血牦牛卖给了海西、海北和果洛地区的养殖户，存量数控制在 300 头左右，走的是提纯复壮、减量增效的路子。对于色吾加来说，良种繁育的好处是实实在在看得见、摸得着的，当问到良种推广的收入时，

繁育出的一代野血牦牛

他粗略地估计、保守地估算 8 年来就有 500 万元之多。他家最好的一头野血种公牛别人出价 18 万元也不舍得卖掉，担心会断了福根。在他看来，草山是命，牲畜是根，管护草山就能保住命，养殖牲畜就能留住根。他常说："养畜是牧民的天职，不养畜就没有出路，养畜就要养好的品种畜，不养杂畜就是明智的选择。"

在谈到良种繁育的体会时，色吾加细细道来，侃侃而谈，不仅悟出了育良种、养好畜的道理，而且道出了草养畜、畜种草的天机，让人感觉他做得实、说得对，就像一位资深的专家给我上了一堂别开生面的"平衡课"。他详述了盐地侵蚀

草场的动容场景，细说了牛羊精耕细作的感人举动，用眼见为实的经历证明了绝对禁牧的片面性，更加证实了草畜之间相互依存的辩证关系。听了他的描述后，我对草原与牲畜之间关系的认知发生了颠覆性变化，开始相信草场退化与牛羊减少有关的说法是正确的，真正觉得牛羊在草原上边吃草、边劳作的取舍是和谐的，慢慢发现草原上没有牛羊之后的荒凉是可怕的。突然想起藏族的一句古老谚语："黑发人离不开黑牦牛，黑牦牛离不开绿草地"，说的就是人草畜之间相互依存、不可分割的紧密关系。

感谢色吾加的细心观察，感恩牛羊马的奉献尽命，感叹大自然的不变规律，也许人类唯一能做的可能就是敬畏神灵、尊重自然、遵循规律。

# 牦牛"黑色化"的受益者

牦牛提纯复壮的领跑者　索南尼玛

经常听到州农牧和科技局局长才仁扎西说起曲麻河乡牧民索南尼玛极具传奇色彩的经历和故事，每每钦佩他的不简单，次次感觉他的不容易。一直想认识这位经历过磨难、收获过喜悦的牧人，上次西行之旅我们擦肩而过，与他失之交臂，这次总算在不冻泉的扎西旅馆和他相见相识。简单地吃过宵夜后，我在凌晨两点左右急切地找他长谈了牧人和牦牛的故事，在他身上我真切地感受到了一个牧人对牦牛的热爱、一位牧民对幸福的渴望。

索南尼玛是个典型的康巴汉子，长相帅气、英俊，身材魁梧、健硕，性格开朗，善于言谈，交谈中从不避嫌，也不遮丑，字里行间表露出他的不易和艰辛，

让我特别感动。他原本是秋智乡人，自小失去父母成为孤儿，在逆境中成长的他早成家、早当家，娶了邻村的姑娘，育有一双儿女，一家人过着简单而又幸福的日子。索南尼玛清楚地记得，1998年他才23岁，全家4口人只有25头牛，人均牲畜数不足10头，是村里的贫困户。小时候没爹没娘、缺吃缺穿的日子让他穷怕了，不认命的他不顾家人的劝阻，怀揣着3 000元积蓄和未来的致富梦，只身来到省城西宁开始踏上了改变命运的"自强路"。几趟西宁来回，几次买进卖出，让他尝到了出去闯荡的甜头，赚到了第一桶金7 000元。然而，他感知到了陌路的凶险和异乡的无助，开始把目光转移到牦牛上，把希望寄托在牧业上，用好不容易赚来的辛苦钱买牛羊、增数量，苦心经营熟悉而又陌生的"主业"。最初的几年里，他徒步行走5天到50天的路程，赶着两头到几十头、几百头牦牛，辗转曲麻莱、那曲、巴青等地区的20几个乡村，挨家挨户地谈货论价、上门服务，吃了苦，受了累，也赚了一些钱。现年45岁的硬汉索南尼玛，每当回忆起早期闯荡的经历，眼眶里含满了酸楚的泪水，内心里装满了艰辛的苦衷。

2004年曲麻河乡党委、政府充分发挥野牦牛资源丰富的优势，引导牧户繁育良种、推行牦牛"黑色化"，索南尼玛成为首批响应者和实践者，淘汰花色牦牛卖到那曲，繁育优良品种买进牛犊，一来二去，利用6年时间完成了300余头牦牛"黑色化"的任务，实现了增产增效增收的"三增"目标。索南尼玛凭着一颗不服输的心、借着一个不怕苦的胆，闯出了一条脱贫致富的路子，在曲麻莱被传为佳话、树为标杆。他的创业经历是艰难曲折的，奋斗结果是满载而归的，有很多收获可以分享，有许多经验值得推广，全村牧民都以他为荣、向他学习。

吃水不忘挖井人，致富记得乡亲们。他经常向村里的牧民传授心得、教授办法，无偿供种、免费驯化，让村里的其他牧户也尝到了育良种、养好畜的甜头。他说："我今天收获的幸福，是昨天努力的结果。我贫穷的时候得到了大家的帮助，我富裕了也该回馈大家一起过好日子。"在他的影响和带动下，村里的牧民不仅重视养畜，而且懂得养好畜，更主要的是学会了过好日子。牧民

们不再一味地追求牲畜的数量，不再被动地成为牲畜的奴隶，更加注重畜种改良，更加讲究生活质量，从事着质量型牧业生产、走上了效益型发展路子。在索南尼玛的夏季牧场上建造的集装式移动房里，我们隐约感受到了家庭牧场所应有的现代气息，预见到了未来幸福牧区该有的美好愿景。

在一阵高谈阔论牦牛"黑色化"的好处之后，索南尼玛又稍带遗憾和略有感触地说："一个牛群里也应该有几头其他花色的牦牛，这样才能留住福根，终得圆满。"听他这样一说，我的脑海里突然呈现一幅以往牧区每家每户家养"四畜"的繁荣场景，这种儿时记忆里的美景可能在不久的将来会重现在草原牧区。

# 合作社是脱贫攻坚的有效载体

2020 年囊谦县东坝乡吉诺布拉泽合作社培训现场

　　囊谦县人口多、贫困面广，脱贫攻坚的工作量大、任务重，几年的实践证明，合作社建设是实现精准脱贫最有效的办法之一。东坝乡尤达村的吉诺布拉泽合作社在能人江南的带领下，走出了一条产业兴旺、合作共赢的致富路。

　　吉诺布拉泽合作社期初创立于 2014 年，是尤达村的一名致力于家乡建设、心系着群众脱贫的宗教界人士（白日寺阿卡）发起后，由 57 户（106 人）农牧民共同出资 48.6 万元建立的。之后，随着合作社的规模和效益越大越好，

吸纳了更多的新入成员，现有入社 132 户、539 人、牛 1 093 头，已整合草场 98 393.61 亩、农田 236.166 6 亩。2018 年合作社完成股份制改造，成为千头牦牛基地，实现 42 户贫困户和 189 个贫困人口脱贫，常年救助 7 位五保老人和 36 名残疾人士。

2016 至 2018 年实现农产品和野生药材销售收入 372.54 万元，给入社的户均分红 30 788.55 元、人均分红 7 377.05 元；2019 年合作社按股份进行分红返利，入社 132 户，共计股份 5 619.299 44 股，分红资金 399.33 万元，每股分红金额达到 710.649 元。

吉诺布拉泽合作社之所以能够取得实在效果、得到长足发展，主要得益于三个关键性因素的有机合成。一是政府重视。县委、县政府坚持把生态畜牧业合作社作为促进农业增效、农民增收，带动农村经济社会全面发展的一项重要战略措施来抓。县农牧科技和水利局高度重视合作社发展，成立了领导小组，专门指派一名中层干部且具有副高级职称的专业技术人员，担任牦牛产业发展项目建设标准化养殖基地负责人，全程指导合作社的股份制改造，对合作社工作进行规范化建设，有力地促进了合作社的健康发展。二是项目扶持。吉诺布拉泽合作社的发展壮大，离不开国家强农惠农政策的扶持，2018 年青海省财政农牧业发展扶贫资金牦牛产业发展项目投资 330 万元建设标准化养殖基地；2019 年三区三州牦牛产业项目投资 148 万元建设标准化养殖基地的配套工程。正所谓"栽下梧桐树，引得凤凰来"，合作社的标准化养殖基地初见成效、初具规模。三是能人带动。合作社的理事长江南，博学多才、见多识广，他爱党爱国、立场坚定、为人正直，在群众中有着很高的威望。合作社创立初期，经过入社群众大会选举一致通过被推选为合作社理事长。在江南理事长的带领下，合作社成员凝心聚力，越办越好，入社人数不断增加，年底分红不断上涨。

吉诺布拉泽合作社只是囊谦众多合作社的一个缩影，还有很多各具特色、各显其能的合作社助力精准脱贫工作，成为不可逆转、不容忽视的重要力量。

# 牦牛黑帐篷是游牧人的家园

全国十佳农民  索才

　　说到黑帐篷,不得不谈一谈牦牛。牦牛是青藏高原特有的物种,据史料记载,藏人驯养牦牛的历史长达一万年之久。可以断言,没有牦牛就没有藏民族,藏人失去对牦牛的依靠,无法在青藏高原生存下来,藏族的衣食住行运烧耕都离不开牦牛。所以,牦牛对藏族有恩,藏族视牦牛如宝。藏语里牦牛的名称叫"诺",意思是宝贝,可能源于此因。

　　藏族随牦牛游牧。牦牛随着气候的变化不断迁徙寻找最适合生存的环境,藏人随牦牛不停地游动,终于在人、牲畜、草场之间寻找到了一个平衡的支点——游牧,牧人们开始了随季节而迁、逐水草而居的生活,创造了古老而多

元的游牧文化。远古藏族先民在漫长的征服自然、改造自然过程中过着敬畏自然而居无定所的游牧日子，世代繁衍、生生不息，成为最古老的游牧民族。

黑帐篷就是游牧的代表性产物，是游牧文化的缩影。游牧生活是藏族人对青藏高原的生存环境所作的一种适应性选择，在极其艰苦的岁月中，黑帐篷给生活在严寒极地世界中的藏族人赐予了很大恩惠，不管风吹日晒，无论下雨降雪，总能保暖避暑，为藏族人营造了一个温馨而舒适的家。

早在新石器时代就出现了编织技术，从那时起就开启了黑帐篷制作的新纪元。在牧区，黑帐篷原料充足、工艺简单、设计精巧，具有适宜性、使用性和科学性的特点。黑帐篷制作工艺涵盖了纺织技术、建筑设计、天文地理、五行风水和民俗文化等诸多领域，表现了藏人的智慧，寄托了藏族人的情感，承载了岁月的记忆，传承了游牧的文化。

现如今，越来越多的人意识到黑帐篷是最适用、最环保的居所。它具有搭建方便、拆卸简易、迁移随意、节能环保的特点，牧人们按照"随俗循规、帐门朝东"的谚语，一般把帐篷搭建在向阳的山坡上，主要考虑择水、避风和朝阳的因素。如果我们仔细留意，黑帐篷的设计制作的理念是科学的（牛毛耐受日晒、烟熏且不易风化，使用相对长久且容易修复，黑颜色吸收阳光起到保暖作用）、环保的（纯手工编织略微透风、偶尔漏雨，对草原植被起一定的保护作用）、合理的（内部微观格局体现左右有别、阴阳结合，外部宏观布置体现家养"四畜"环绕帐篷四周各分区域、聚拢成团）。从这个角度讲，黑帐篷不仅是牧人们温暖的家、也是家养"四畜"安全的园。所以，黑帐篷是形成游牧历史的见证者、是体现游牧文化的活化石。尽管，经济在发展，社会在进步，牧区的生产生活方式在发生改变，畜牧业的基础条件也得到改善。但是，游牧的历史还在延续，帐篷的价值依然存在，而且在某种程度上不可替代，显得更为重要。

出于"一留两改三保"的考虑，即：留住乡愁记忆（牧人对帐篷有着难以割舍的情感和无法忘记的回忆），改善游牧条件（四季转场、划区轮牧）、改变定居方式（完全定居、局部过牧），保全传统工艺、保住游牧文化、保护生态环境，

索才创办了喜旋公司，主营牦牛黑帐篷制作，辅以生产适宜牧区生产生活的草原牧民新帐篷。先后完成纯手工制作牛毛帐篷超大型 20 顶、大中型百余顶和中小型近万顶，产品遍布涉藏工作重点省，成为全中国乃至全世界最具实力的牛毛帐篷生产企业。2015 年，耗时一年半、用料一万斤的"世界最大黑帐篷"制作完成，120 名当地民间手艺人共同参与，总面积达 1 711.08 平方米，创下了吉尼斯世界纪录。该牦牛黑帐篷被命名为中国移动古村落和玉树藏族自治州黑帐篷游牧文化博物馆，被认定为非物质文化遗产，被评定为青海省五星级乡村旅游点，是夏日巴塘草原上的一道独特风景，成为玉树对外宣传的文旅标志。

索才也成长为优秀企业家，被评为全国十佳农民。索才常说："藏民族对牦牛的恩铭记在心、对游牧的情至死不渝、对帐篷的爱深入骨髓。"

# 在最高处过一种生活

长江一号牧场主　索巴

　　一个动物种群与一个人类群族，这样相互依存、不可分离的关系，实在是非常罕见，具有典型的人类学意义。如果说动物是人类最重要的朋友，那么牦牛就一定是藏族最重要的朋友。

　　藏族驯养了牦牛，牦牛养育了藏族。在孩童期间爷爷总会讲到牦牛是苍天送给藏族的礼物，我们称他为"诺"，是宝物之意，记得家中每当宰牛后爷爷总会在牦牛身上取一些牛毛挂在黑帐篷的中间，后来才知道那样做就是感恩牦

牛给予的一切，现在每当看到那些牦牛毛时总会禁不住热泪盈眶。

数千年来，牦牛与藏族人民相伴相随，尽其所有，成就了游牧民族的衣、食、住、行、运、烧、耕，并且深刻地影响了藏族人民的精神和性格。"牦牛的头颅变成了高山，牦牛的皮张变成了大地，牦牛的尾巴变成了江河。"在青藏高原的很多地方，因为寒冷、荒芜，道路崎岖，导致人迹罕至，所以青藏高原是人类的最后一块净土，没有污染，没有破坏。

人们自由的成长、进步，居住在这里的我们，有一个共同的名字——游牧民族。我们淳朴善良，我们也彪悍勇敢，几千年来，生生不息，代代相传，陪着我们一起走了几千年的是一群牦牛。我们骑着牦牛开疆拓土，建设家园；我们吃着牦牛肉，喝着牦牛奶，抵抗疾病，充饥果腹；我们穿着牦牛皮，抵御风雪严寒；我们的生命顽强不屈，只因为牦牛给了我们温暖和力量。牦牛，是我们的宝，是我们的图腾。

千百年来，多少游牧民族不曾下过高原，我们在高原上坚强着、兴旺着，在我们的生活里，是牦牛挤出了圣洁的乳汁，呵护着游牧民族几千年的生存，它提供了天然的养分，让我们藏族同胞代代相传。作为一个牧民的孩子，我在历经求学，在外工作后还是选择了回归家乡，回归牧场。因为我发现，只有接近足够的海拔高度，才有可能一睹野牦牛踏响群山的风采。我的家乡是一个河流纵横的地方，我的家乡是一片山峦起伏的净土，人迹罕至的空旷，才是野牦牛释放狂妄和孤傲的天地。

我从不曾遗失过祖先遗传的倔强，我曾执意行走天涯为灵魂书写尊严，但是骨子里那份谁能企及野牦牛抗争命运的傲气，赋予了我牦牛那份野性的犄角斩断世俗的束缚的激昂。

草原上的牦牛，一口粗气将陈腐的忧伤吹到九霄之外，总是那么洒脱地把寒风与暴雪戏弄，留给令世人敬仰的气魄。而我也这样洒脱地丢掉了过往的荣耀，穿越寒夜的孤独，咀嚼凄冷的风雪，让我全身心投入到家乡。

我们的牧场，是雪山深处厚重的生命色彩，养育着一个族群的宽大世界。羊群簇拥着生活的气息，牧歌在这片高原凝固成快乐，一缕炊烟升上天空，孕

育搏击长空的力量，尽管少了些城市高楼的灯火辉煌，却也不失最朴素的生命礼赞。我们的牦牛是牧民千金不换的生命依托，牦牛给予了游牧民族的生命，没有牦牛的地方就没有藏族，凡是有藏族的地方就有牦牛。

《高原之宝》 敬庭尧国画作品

非遗传承人昂文森格画牦牛

民间艺人多杰才让雕牦牛

天然奇石显牦牛

（藏族的先民确信通天河出自一头母牦牛的鼻孔，因此藏语称之为"牦牛河"。此奇石出自通天河源头，图案似一头刚生下的牛犊，可谓神来之笔——水生牦牛。）

远古藏族先民刻牦牛

# 附录一

ༀ༎ནོར་གནག་སྐོར་གྱི་ཐ་སྙད་ཕྱོགས་བསྒྲིགས

# Nor gnag skor gyi tha snyad phyogs bsgrigs
# A Tibetan Glossary Related with Yak
# 与牦牛相关词汇

宗喀·漾正冈布　乔才绒曼　赵书苑

ནོར་གནག་དང་འབྲེལ་ཡོད་ཀྱི་ས་མིང་

nor gnag dang vbrel yod kyi sa ming

## 1.Place name related to Yak

## 1. 与牦牛有关的地名

| བོད་ཡིག<br>Tibetan<br>藏文 | བོད་ཡིག་ལ་ཊིན་གཟུགས་འགྱུར<br>Transliteration for Tibetan in Latin letter<br>藏文拉丁转写 | Tsk དང་Ats ཡི་སྒྲོག་སྦྱངས<br>Tsk ＆Ats Phonetic Transcription<br>Tsk＆Ats拼写1 | དབྱིན་ཇིའི་སྐད<br>English<br>英文 | རྒྱ་ཡིག<br>Chinese<br>汉文 |
|---|---|---|---|---|
| འབྲི་ཆུ | vbri chu | dri chu | Yangtse river | 治曲 长江 扬子江 |
| འབྲི་པ | vbri pa | dri pa | Dripa | 直巴村，位于昌都江达宗境 |
| འབྲིวུ | vbrivu | drivu | Driu | 直武，位于洛喀隆子宗 |
| འབྲི་ཐང | vbri thang | dri thang | Dithang | 贝塘，位于昌都芒康宗境 |
| འབྲི་ལ | vbri la | dri la | Drila pass | 支拉山口，位于洛喀乃东宗境 |
| འབྲི་སྒང | vbri sgang | dri gang | Drigang | 志岗，位于洛喀乃东宗 |
| འབྲི་གུང | vbri gung | dri gung | Zhigung | 直贡，位于墨竹工卡宗门巴乡 |

| | | | | |
|---|---|---|---|---|
| འབྲི་གུང་མཐིལ། | vbri gung mthil | dri gung thil | Drigung Til | 直贡梯，位于墨竹工卡宗门巴乡，直贡梯寺所在 |
| འབྲི་རུ། | vbri ru | dri ru | Driru | 只如村，位于日喀则仲巴县宗隆嘎尔乡 |
| འབྲི་རྭ། | vbri rwa | dri ra | Drira | 支荣村，位于日喀则昂仁宗亚木乡 |
| འབྲི་ལྷས། | vbri lhas | dri lhas | Drilhe | 哲列村，位于日喀则聂拉木宗锁作乡 |
| འབྲི་རུ་རྫོང་། | vbri ru rdzong | dri ru dzɔng | Biru county | 比如宗，位于西藏那曲市 |
| འབྲི་ལུང་། | vbri lung | dri lung | Bilung | 芝隆乡，位于洛卡贡嘎宗境；比隆村，位于那曲比如宗；志龙村，位于那曲市色尼区洛麦乡境 |
| འབྲི་ལུང་ལ། | vbri lung la | dri lung la | Drilungla mountain | 直龙拉山，位于阿里革吉宗境 |
| འབྲི་ཆད་ལ། | vbri chad la | dri chad la | Drichala pass | 直切拉山口，位于日喀则定结宗 |
| འཕུར་འབྲི་གཙང་པོ། | vphur vbri gtsang po | phur dri tsang po | Phurdri tsangpo | 普直藏布，流经那曲卓尼宗境 |
| འབྲི་རུ་མཚོ། | vbri ru mtsho | dri ru tsɔo | Ziru cuo lake | 孜如措，位于那曲尼玛宗境 |
| འབྲི་ཚེར། | vbri tsher | dri tsher | Dritser | 珍木则村，位于日喀则白朗宗 |
| འབྲི་སྒོ་ལ། | vbri sgo la | dri go la | Drigo la | 珍果拉，位于西藏日喀则白朗宗 |
| འབྲི་ཀོང་ནང་། | sbri skong nang | dri kong nang | Bigongnang | 比贡囊，位于那曲聂荣宗境 |
| འབྲོང་ཁྱགས་ལ། | vbrong khyags la | drong khyag la | Dongkhya Pass 〔the top of which is 18,420 ft. altitude〕giving access from the Lachung valley in the extreme N.E.of Sikkim into that part of Tibet which lies at the northern head of the Chumbi valley | 山名，位于锡金东北部，春丕河谷以北。 |

| | | | | |
|---|---|---|---|---|
| འབྲོང་རི། | vbrong ri | drong ri | Bongri | 崩日，位于今那曲市安多宗境；<br>忠日，位于甘南州迭部境 |
| འབྲོང་ལུང་། | vbrong lung | drong lung | Zhuanglang | 庄浪，位于甘肃平凉 |
| འབྲོང་མཚོ། | vbrong mtsho | drong tsho | Drong tso lake | 崩措湖，位于那曲市色尼区 |
| འབྲོང་སྲིབ། | vbrong srib | drong sib | Bongsib mountain | 崩色山，位于那曲安多宗境 |
| འབྲོང་ཐང་གཞིས། | vbrong thang gshis | drong thang shis | Drongthangshi | 崩通西，位于昌都边坝宗 |
| འབྲོང་ཁྲ། | vbrong phra | drong chra | Drongtra | 冲查，位于昌都江达宗 |
| འབྲོང་ལུ་མ། | vbrong lu ma | drong lu ma | Zhongluma | 仲鲁玛村，位于那曲境 |
| འབྲོང་པོ་ར་དབར། | vbrong pho rwa dbar | drong pho ra war | Drongpho Rawar | 仲勃惹亚，位于那曲境 |
| འབྲོང་ཚང་། | vbrong tshang | drong tshang | Drongtsang county | 中仓乡，位于那曲尼玛宗境 |
| འབྲོང་ཚང་གཙང་པོ། | vbrong tshang gtsang po | drong tshang tsang po | Drongtsang Tsangpo | 中仓藏布，位于那曲申扎宗境 |
| འབྲོང་ལུང་ཆུ། | vbrong lung chu | drong lung chu | Dronglung chu | 仲隆曲，流经阿里地区 |
| འབྲོང་པ། | vbrong pa | drong pa | Drongpa | 江巴，位于阿里地区 |
| འབྲོང་པ་རྫོང་། | vbrong pa rdzong | drong pa dzong | Drongpa | 仲巴县，位于日喀则 |
| འབྲོང་པ་ལུང་། | vbrong pa lung | drong pa lung | Bongpa lung | 崩巴隆，位于那曲安多宗境 |
| འབྲོང་རོང་། | vbrong rong | drong rong | Drongrong | 仲荣村，位于林芝 |
| འབྲོང་རྩེ། | vbrong rtse | drong tse | Drongtse | 重孜乡，位于日喀则江孜县 |
| འབྲོང་སྡུར། | vbrong sdur | drong dur | Drongdur | 仲多村，位于日喀则昂仁县 |
| འབྲོང་ཉལ་ཁོག | vbrong nyal khog | drong nyal khog | Drongnyal ku | 仲聂库，位于卓尼县木耳镇境内 |
| འབྲོང་གཡུང་ཁ། | vbrong g·yung kha | drong yung kha | Drongyung kha | 中云卡，位于迭部县益哇乡 |

| | | | | |
|---|---|---|---|---|
| འབྲོང་རྒྱགས། | vbrong rgyags | drong jag | dronggya | 仲吉合村，黄南州尖扎县坎布拉西南 |
| ཤ་འབྲོང་ཐང་། | sha vbrong thang | sha drong thang | Shadrong thang | 夏中塘，位于黄南州尖扎县，为勒钦村旧址。 |
| འབྲོང་རུ་དམར། | vbrong ru dmar | drong ru mar | Drongrumar mountain | 中日玛日山，位于黄南州尖扎县昂拉境 |
| འབྲོང་མགོ་ལ་ཚེ། | vbrong mgo la tse | drong go la tse | Bonggo laze | 邦果拉则，位于那曲聂荣宗境 |
| འབྲོང་དུ་ལ། | vbrong ngo la | drong ngo la | Drongoula mountain | 种欧拉，位于日喀则萨迦宗境 |
| གཡག | g·yag | yag | Yak | 冶合村，位于黄南州尖扎县措周西部 |
| གཡག་རི། | g·yag ri | yag ri | Yakri mountain | 叶合日山，位于黄南州尖扎县尖扎滩境 |
| གཡག་རའི་སྒང་། | g·yag ravi sgang | yag ravi gang | Yakrigang mountain | 牙日岗，位于黄南州尖扎县尖扎滩境 |
| གཡག་མཚོ། | g·yag mtsho | yag tsɔ | Yak tso lake | 亚克措，位于那曲境 |
| གཡག་ཞོལ། | g·yag zhol | yag shhol | Yaksho | 亚雪，位于林芝 |
| གཡག་རྒྱན་མཚོ། | g·yag rgyan mtsho | yag gan tsho | Ya ⬚ entso lake | 雅根错湖，位于那曲申扎境 |
| གཡག་རྒན་ཚྭ་མཚོ། | g·yag rgan tshwa mtsho | yag gan tsha tsho | Ya ⬚ en Tsamtso lake | 雅根措湖，位于那曲境 |
| གཡག་སྙིང་། | g·yag snying | yag nyiŋ | Yaknying | 叶合娘山，位于黄南州热贡多哇西南；亚宁村，位于日喀则昂仁宗 |
| གཡག་སྙིང་ཁ། | g·yag snying kha | yag nying kha | Yaknyingkha mountain | 叶赫娘喀山，位于黄南州河南县西南 |
| གཡག་སྙིང་ཆུ་ལུང་། | g·yag snying chu lung | yag nying chu lung | Yaknying Chulung | 雅尼曲隆村，位于那曲境 |
| གཡག་སྙིང་སྲང་ལམ། | g·yag snying srang lam | yag nying srang lam | Yaknying lang street | 伊合昂街道，位于甘南州合作市 |
| དཀར་མོ་བརྩེ་གཡག | dkar mo brtse g·yag | kar mo tse yag | Karmo Tseyak | 嘎姆则亚村，位于那曲聂荣色庆 |

| | | | | |
|---|---|---|---|---|
| གཡག་ཆགས། | g·yag chags | yag chag | Yakchak | 亚恰村，位于那曲尼玛宗境 |
| གཡག་ར་གཤིས་ཁ། | g·yag ra gshis kha | yag ra shis kha | Yakrashikha | 亚拉溪卡，位于洛卡 |
| གཡག་རུ། | g·yag ru | yag ru | Yakru | 亚如村，位于洛卡 |
| གཡག་སྡེ། | g·yag sde | yag de | Yade | 亚德，位于日喀则仁布宗 |
| གཡག་གཡག | g·yag g·yag | yag yag | Yakyak | 亚卡亚村，位于日喀则萨嘎宗 |
| གཡག་སྦེ། | g·yag sbe | yag be | Yakbe | 亚白村，位于日喀则定日宗 |
| ཕྱ་གཡག | phya g·yag | cha yag | Chayak | 夏亚村，位于昌都贡觉宗 |
| འཁོར་གཡག | vkhor g·yag | khor yag | Khoryak | 郭亚村，位于日喀则聂拉木宗 |
| གཡག་སྟག | g·yag stag | yag tag | Yada | 雅达，位于昌都左贡宗 |
| གཡག་འདྲ། | g·yag vdra | yag dra | Yagzha | 亚扎村，位于阿里境内 |
| གཡག་ལུང་། | g·yag lung | yag lung | Yaklung | 亚赫龙沟，位于黄南州河南县宁木特乡西南 |
| གཡག་ལུང་རི། | g·yag lung ri | yag lung ri | Yaklung ri | 亚隆日，位于阿里境内 |
| གཡག་ལུང་ཁ། | g·yag lung kha | yag lung kha | Yaklung kha mountain | 叶赫陇喀山，位于黄南州河南县境 |
| གཡག་དཀར་ཁ། | g·yag dkar ka | yag kar la | Yakkarla pass | 亚克嘎拉山口，位于山南隆子宗境 |
| གཡག་བཀལ་མཚོ། | g·yag bkal mtsho | yag kal tsho | Ya☐altso lake | 亚根错湖，位于那曲班戈宗 |
| གཡག་བརྫུས། | g·yag brdzus | yag dzus | Yakdzi mountain | 叶合子山，位于黄南州热贡境 |
| གཡག་ར་སྒང་། | g·yag rwa sgang | yag ra gang | Yakra mountain | 野合热岗，位于黄南州热贡境 |
| གཡག་མགོ་ལུང་བ། | g·yag mgo lung ba | yag go lung ba | Yaklung wa | 鸦果龙洼，位于海北州祁连县境 |

192

ༀ ནོར་གནག་དང་འབྲེལ་ཡོད་ཀྱི་གཏམ་དཔེ།

Nor gnag dang vbrel yod kyi gtam dpe

## 2.Proverbs related to cattle

## 2. 与牛相关的谚语

| བོད་ཡིག<br>Tibetan<br>藏文 | བོད་ཡིག་ལ་ཇེན་<br>གཟུགས་འགྱུར།<br>Transliteration for Tibetan in Latin letter<br>藏文拉丁转写 | Tskདང་Ats ཡི་<br>སྒྲ་སྣངས།<br>Tsk & Ats Phonetic Transcription<br>Tsk & Ats拼写 | དབྱིན་ཇིའི་སྐད།<br>English<br>英文 | རྒྱ་ཡིག<br>Chinese<br>汉文 |
|---|---|---|---|---|
| ཀོ་བ་ཆུ་ལ་<br>སྦོང་བའི་<br>སྲོལ་ཡོད་<br>ཀྱང་། རྡོ་ཆུ་<br>ལ་སྦོང་བའི་<br>སྲོལ་མེད། | ko ba chula sbong bavi srol yod kyang/ rdo chu la sbong bavi srol med | ko ba chu la bong bavi sol yod jang/ do chu la bong bavi sol med | ( Water can soften cowhide, but not rock. ) What works for one job does not work for another. | ( 水能泡烂牛皮，不能泡软石头 ) 比喻对某种工作适用的办法，对另一种就不适用。 |
| ལྕི་བ་གསེར་<br>ལ་མི་འགྱུར།<br>ཆུ་ནག་སྣུམ་<br>ལ་མི་འགྱུར། | lci ba gser la mi vgyur/ chu nag snum la mi vgyur | ji ba ser la mi jur/ chu nag num la mi jur | ( Cow dung does not turn into gold, and muddy water does not turn into clear oil. ) It means that one substance cannot change into another by virtue because of its different properties. | ( 牛粪变不成金子，混水变不成清油 ) 说明性质不同，一种物质变不成另一种物质。 |
| ཆགས་ན་<br>ཞོ་དང་། མ་<br>ཆགས་ན་<br>དར་ར། | chags na zho dang/ ma chags na dar ra | chag na shho dang/ ma chag na dar ra | ( Successful curding makes yogurt; failure one makes whey. ) It is good to internal harmony and unity, otherwise the status quo must be maintained. | ( 凝了是酸奶，不凝成酪水 ) 比喻内部能够和睦当然好，否则只好维持现状。 |
| ཕོ་མོ་འབྲོང་<br>གི་བཙོས་ཤ་<br>ལ། འཚོད་<br>ལོང་གྲང་<br>ལོང་གཉིས་<br>ཀ་དགོས། | pho mo vbrong gi btsos sha la/ vtshod long grang long gnyis ka dgos | pho mo drong gi tsos sha la/ tshod long drong long nyis ka gos | ( To cook male and female yak meat, it takes time to cook and let it cool. ) A metaphor for a difficult job that requires preparation time and a process of completion. | ( 要煮雌雄野牦牛牛肉，煮熟晾凉需时间 ) 比喻艰巨的工作，需要有准备的时间和完成的过程。 |

| | | | | |
|---|---|---|---|---|
| བ་ཁྲ་ཁྲ་རི་ལ་ཕྱིན་ཀྱང་། །བེའུ་ཁྲ་ཁྲ་ལྷས་ལ་ལུས། | ba khra khra ri la phyin kyang/ bevu khra khra lhas la lus | ba chra chra ri la chin jang/ bevu chra chra lhas la lus | （The colored cow goes up to the hill, the colored calf is still closed in the stall.） A metaphor for someone who moves to a good place, but still misses things in situ. | （花花母牛上了山，花花牛犊栏中关）比喻自己到了一个好地方，对原地事物仍怀念不已。 |
| བ་གླང་སེར་པོའི་འགྲོ་སྟངས་མ་ཤེས་པར་གསའ་མ་གཟིག་གི་རྣམ་འགྱུར་སྟོན་པར་བྱེད | ba glang ser povi vgro stangs ma shes par/ gsav ma gzig gi rnam vgyur ston par byed | ba lang ser povi dro tong ma shes par/ sa ma zig gi nam jur ton par jhed | （Learning how snow leopards walk without knowing how scalpers walk.） Metaphor for someone wants to show their ability but actually can't do the simple thing. | （不知黄牛如何走，却学雪豹怎样行）比喻简单容易的事情都做不来，却偏要显示自己能干。 |
| བ་ཉལ་མཛོ་གྲོད | ba nyal mdzo grod | ba nyal dzo drod | （Sleep like a cattle, eat like Dzo.） Metaphor for gluttonous and slothful. | （睡如黄牛，食似犏牛）比喻好吃懒做。 |
| བ་ཕྱུགས་ཆས་ཀྱིས་འཚོ། རླུང་ནད་མར་ཁུས་འཚོ | ba phyugs chas kyis vtsho/ rlung nad mar khus vtsho | ba chug chas jis tsho/ lung nad mar khus tsho | （Feed cows, and melt the ghee to cure wind disease.） There are different ways to compare feeding and medicine. | （饲料喂乳牛，融酥疗风疾）比喻饲养和医疗各有不同的方式 |
| བ་བེའུ་ཤི་དུས་མི་ངར་བེའི་ལྤགས་པ་བཤུ་དུས་ངུ་དོན་མེད | ba bevu shi dus mi ngu bar/ bevu lpags pa bshu dus ngu don med | ba bevu shi dus mi ngu bar/ bevu pag ba shu dus ngo don med | （When a calf dies, it does not cry,but why does it cry when getting skinnel?） If someone does not do what should be done in the process of the work, there is no need to pretend afterwards. | （牛犊死了不悲痛，剥牛皮时哭什么？）比喻工作进行中该做的不去做，事后无须装模作样。 |
| བ་མ་ཤི་ཨི་རྙང་རྒྱུན་མི་འཆད | ba ma shi lci rnyang rgyun mi vchad | ba ma shi ji nyang jun mi chad | （If an old yak doesn't die, the shit and pee won't stop.） It means that as long as the root exists, it will continue to grow. | （老牛不死，屎尿不止）意指只要根源存在，就会继续滋长。 |

| | | | | |
|---|---|---|---|---|
| བ་མོ་དབྱར་<br>བཞོ་དགུན་<br>ནས་གསོ། | ba mo dbyar vzho dgun nas gso | ba mo yar shho gun nas so | （If you want to milk in summer, you have to feed the cow in winter.）<br>To do anything, we must create the necessary conditions. | （夏天要挤奶,冬天先喂牛）<br>说明做任何事情都要创造必要的条件。 |
| བ་མོ་མེད་<br>པའི་མར་<br>བྱ་དེ་མེད་<br>པའི་སྒོ་ང་། | ba mo med pavi mar skrag/ bya de med pavi sgo nga | ba mo med bavi mar drag/ jha de med bavi go nga | （No cow's ghee, no hen's eggs.）<br>There is no reason for the simile. It is impossible to have something without foundation. | （没有奶牛的酥油,没有母鸡的鸡蛋）<br>比喻没来由,没根据的事是不可能有的。 |
| བ་ཤེ་གླང་<br>འགེལ། | ba she glang vgel | ba she lang gel | （Calf pay cattle tax.）<br>Metaphor:<br>（1）Taking the wrong task which is not one's responsibility.<br>（2）Party A's task is undertaken by Party B. | （乳牛负担黄牛税）<br>比喻:①交错了任务,使不该承担的承担了。②甲方的任务由乙方承担。 |
| བ་བསད་པ་<br>ལས་བཞོས་<br>པ་དགའ། | ba bsad pa las bzhos pa dgav | ba sad pa las shhos pa ga | （Better to milk the cow than to kill her for meat.）<br>It means to make a long-term plan ,which is close to "throw away the fruit but save the tree". | （与其杀牛吃肉,不如留着挤奶）<br>意指要做长远打算。语近"宁可丢果,不可丢树"。 |
| འབྲོང་རྒུད་<br>ནས་ཤི་ཡང་<br>གཡག་རྒྱབ་<br>དགུ་ཙི་ཙི་<br>རྒྱགས་ནས་<br>ཤི་ཡང་སྤར་<br>མོ་གང་། | vbrong rgud nas shi yang g·yag rgyab dgu/ tsi tsi rgyags nas shi yang spar mo gang | drong gud nas shi yang yag jab gu tsi tsi jag nas shi yang par mo gang | （A starved wild yak should be carried by nine yaks, but it's enough to take one hand to catch a starved rat.）<br>Although the gentleman is embarrassed, he still cannot be compared with the villain. | （饿死的野牦牛要九条牦牛驮,撑死的老鼠也不过一把抓）<br>比喻君子虽然受窘,仍然不能同小人相提并论。 |
| འབྲོང་བྲེ་<br>སེར་ཁལ་<br>འཁྱེར་ཡོང་<br>བ་མིན་སྟག་<br>དམར་ཡག་<br>སྒོ་ཁྱི་ཡོང་བ་<br>མིན། | vbrong bre ser khal vkhyer yong ba min/ stag dmar yag sgo khyi yong ba min | drong dre ser khal khyer yong ba min tag mar yag go khyi yong ba min | （A wild yak can't carry a pack, a tiger can't be a watchdog.）<br>A stubborn person is difficult to be reformed. | （野牦牛驮不了驮子,老虎当不了门犬）<br>比喻生性顽固的人难以改造。 |
| མཛོ་ཁལ་ར་<br>འགེལ། | mdzo khal ra vgel | dzo khal ra gel | （Dzo's load is assigned to sheep.）<br>It means the task is too heavy to undertake. | （犏牛的傣子交羊傣）<br>比喻任务交付过重,难以承担。 |

| | | | | |
|---|---|---|---|---|
| མཛོ་ཁལ་<br>ལུག་ཁལ། | mdzo khal lug khal | dzo khal lug khal | （Yak carries his load，and a sheep carries his tun.）Metaphorically， work tasks should be appropriately assigned according to people's ability. | （犏牛驮牛驮，羊驮羊驮）比喻工作任务要根据人能力大小适当分配。 |
| མཛོ་འགྲོ་བ་<br>མི་རིག<br>ཤིག་འགྲོ་བ་<br>རིག | mdzo vgro ba mi rig/ shig vgro ba rig | dzo dro ba mi rig/ shig dro ba rig | （Not seeing Dzo runing，but seeing lice crawling.）Metaphor for only pay attention to trifles，but do not care about important events. | （不见犏牛跑，却见虱子爬）比喻只注意鸡毛蒜皮的小事，不注意重要的大事。 |
| མཛོ་རྒན་རི་<br>ལ་ཤི་ན་འང་<br>མཛོ་ཀོ་ཡུལ་<br>ལ་འཐེན་<br>དགོས། | mdzo rgan ri la shi navng/ mdzo ko yul la vthen dgos | dzo gan ri la shi naang/ dzo ko yul la then gos | （Even if dzo dies in the mountains，the dzo's skin will be stripped back.）Metaphor for useful things which were worn out must be disposed of even in the distance. | （犏牛死山野，牛皮剥回来）比喻有用之物虽已破旧，即使在远处也要妥为处理。 |
| མཛོ་རྒན་ལ་<br>སྟོབས་ཤུགས་<br>མེད་ཀྱང་<br>ལམ་རྒྱུས་<br>ཤེས། | mdzo rgan la stobs shugs med kyang lam rgyus shes | dzo gan la tob shug med jang lam jus shes | （An old dzo knows the way，though he is weak.）A metaphor for who is old but experienced. It is said that "an old horse knows his way，and an old man knows the world". | （老犏牛虽无力，却能识路途）比喻年纪虽然大，却富有经验。语近"马老识路途，人老通世故"。 |
| མཛོ་བདག་<br>ལ་མཛོ་རྒྱུས། | mdzo bdag la mdzo rgyus | dzo dag la dzo jus | （Speaking the scriptures of the calf before the owner）It means to show one's skill in front of experts. It means "make axes before Lu Ban，and make scriptures before master". | （犏牛主面前讲牛经）意指在行家里手面前显示本领，语近"鲁班门前弄斧，夫子门前弄经"。 |
| མཛོ་པོ་རྒས་<br>ནས་བཤས་<br>ར་དང་མི་<br>པོ་རྒས་ནས་<br>ཁྲིམས་ར། | mzdo pho rgas nas bshas ra dang/ mi pho rgas nas khrims ra | dzo pho gas nas shas ra dang/ mi pho gas nas chrim ra | （When the Dzo is old，it is sent to the slaughterhouse. When the man is old，the man is sent to the prison.）Get rid of someoneas soon as he has done his job. | （犏牛老送往屠场，人老押解牢房）意指役使或利用完毕给予不适当的处理。语进"卸磨杀驴"。 |

| Tibetan | Transliteration | Romanization | English | Chinese |
|---|---|---|---|---|
| མཛོ་པོ་ཐད་ཀར་གར་ཕྱིན་ཀྱང་། གཤོལ་རིས་འཁྱོག་པོར་སྡོད། | mzdo pho thad kar phyin kyang/ gshol ris vkhyog por sdod | dzo pho thad kar chin jang/ shol ris khyog por dod | (The ploughing dzo goes straight, but the furrow is inclined.) Good work, but poor grades. | （耕牛走得笔直，犁沟却是斜的）意指事情虽然做得不错而成绩却不理想。 |
| གཡག་ཁྱུ་དང་ཕྲད་ན། སྟག་གིས་ཟ་བའི་དཔེ་མེད། | g·yag khyu dang phrad na/ stag gis za bavi dpe med | yag khyu dang chrad na/ tag gis za bavi pe med | (When yaks are in herds, tigers are afraid to come near.) Metaphor for as long as a person is not alone, outsiders dare not bully him or her. | （牦牛结成群，老虎不敢近）比喻只要一个人不是孤立无援的，外人就不敢欺侮。 |
| གཡག་གིས་ཆུ་འཐུང་མ་འདོད་ན། གཉའ་ནས་མནན་པས་ཅི་ལ་ཕན། | g·yag gis chu vthung ma vdod na/ gnyav nas mnan pas ci la phan | yag gis chu thung ma dod na/ nya nas nan pas ji la phan | (If yaks don't drink water, it's no use to press their necks.) If not voluntary, coercion is of no avail. | （牦牛不喝水，压颈有何用）比喻如果不是自愿，强迫也无济于事。 |
| གཡག་གིས་བརྡུངས་ན་བྲོས། དཔོན་གྱིས་བརྡུངས་ན་བཅར། | g·yag gis brdungs na bros/ dpon gyis brdungs na bcar | yag gis dung na dros/ pon jis dung na jar | (One should stay away from the two yaks when they contradict each other, and visit each other when the master beats them.) It means acting on occasion. As the saying goes, "a ship bent by the winds is bent by the waters." | （两牦牛抵牾应远离，官人打人要晋谒）意谓见机行事。语近"见风使舵，就水弯船"。 |
| གཡག་མགོ་ལ་སྲང་གང་། ལུས་མགོ་ལ་འང་སྲང་གང་ | g·yag mgong srang gang/ lus mgo lavng srang gang | yag gong sang gang/ lus go laang sang gang | (The head of the yak weighs 50 grams, and the head of the sheep weighs 50 grams.) A metaphor for not seeing the essence of things, but giving the same evaluation. | （牦牛头重量是一两，羊头重量也一两）比喻不看事物本质，给予同样的评价。 |
| གཡག་རྒན་གྱིས་གདང་འཚོ་མ་ཟིན་ན། གདང་གི་སྐེད་པ་འཁྱོག་ཉེན་ཡོད། | g·yag rgan gyis gdang vtsho ma zin na/ gdang gi sked pa vkhyog nyen yod | yag gan jis dang tsho ma zin na/ dang gi ged pa khyog nyen yod | (The old yak became restless and the rope went away) Fish begins to stink at the head. | （系拴的老牦牛不安分，拴牦牛的绳索随之歪）比喻领导人作风不正，下级就会跟着学歪。语近"上梁不正下梁歪，三梁不正倒塌台"。 |

197

| | | | | |
|---|---|---|---|---|
| གཡག་རྔོ་ཅན་གཅིག་གིས་གདང་མང་འཛད/ མི་དྲི་ཅན་གཅིག་གིས་གྲལ་མང་འཛད | g・yag rngo can gcig gis gdang mang vdzad/ mi dri can gcig gis gral mang vdzad | yag ngo jan jig gis dang mang dzad/ mi dri jan jig gis dral mang dzad | （A yak infects a herd of cattle, one who farts will stink to the whole room.） It means that the fault of one man will involve all. As the saying goes, "one man does evil, and all shall suffer." | （一牦牛生癞庚及一群，一人放屁臭及全座） 意谓一个人的过错会使众人受连累。语近"一人作恶，万人遭殃"。 |
| གཡག་ཆད་སྒས་བརྡུངས། | g・yag chad sgas brdungs | yag chad gas dung | （The yak is very tired and saddles are up for weight.） The parable is more bitter than it is worth to bear. | （牛乏又加鞍载压） 比喻苦上加苦，难以忍受。 |
| གཡག་ཆད་གཅིག་གིས་གཡག་ཆད་བརྒྱ། | g・yag chad gcig gis g・yag chad brgya | yag chad jig gis yag chad ja | （One tired yak, a hundred tired.） When something goes wrong, other people are affected. | （一牦牛累垮，百牦牛疲惫） 比喻一个人出了问题，其他人跟着受影响。 |
| གཡག་ཆེ་བས་ལྕི་བ་ཆེ་བ་གཏོང་བའི་ངེས་པ་མེད། | g・yag che bas lci ba che ba gtong bavi nges pa med | yag che bas ji ba che ba tong bavi nges pa med | （The yak is big, but the excrement is not necessarily big.） It is not necessarily useful to evaluate people according to their great fame. | （牦牛大，牛粪不一定大） 比喻名声大的人，不一定有什么作用。 |
| གཡག་ཉལ་ཙིད་འབྲེག | g・yag nyal rtsid vbreg | yag nyal tsid dreg | （Cut yaks' hair when they are lying down.） A metaphor for someone can achieve the goal without alarming their opponent. | （牦牛卧时剪牛毛） 比喻既不惊动对方，又达到个人目的。 |
| གཡག་ཞར་བས་རྩྭ་ཟ་བ། | g・yag zhar bas rtswa za ba | yag shhar bas tsa za ba | （One eyed yaks eat grass.） It means that you can only see one side and not the other. | （独眼牦牛吃青草） 说明只能看到一面，看不到另一面。比喻认识片面未得要领和本质。 |
| གཡག་རོག་པོའི་རྔ་མ་རེ་མི་དགོས/ རང་སྐྲ་སྐེད་པ་ཟིན་ཙམ་ཡོད། | g・yag rog povi rnga ma re mi dgos/ rang skra sked pa zin tsam yod | yag rog povi nga ma re mi gos/ rang dra ked pa zin tsam yod | （Don't need black yak tail, because I have long hair to the waist） A problem can be solved by itself without recoursing from others. | （黑牦牛尾毛毋庸求，及腰长发自身有） 比喻问题能够自己解决，用不着求助于他人。 |
| གཡག་ར་བཀུག་ནས་སྣ་གཅུ་མི་ཉན། | g・yag rwa bkug nas sna gcu mi nyan | yag ra kug nas na ju mi nyan | （Yak horn does not bend like nose ring.） Meaning that something is needed but the material provided are two different things. | （牦牛角弯不成鼻圈） 意谓需要的东西和提供的材料是两码事。 |

| | | | | |
|---|---|---|---|---|
| གཡག་ཤི་ འབྲོང་ཆད། | g · yag shi vbrong chad | yag shi drong chad | ( The yak died and the rhinoceros like beast became tired. ) Because of difficulties and suffering, the weak collapsed, the strong body cannot support. | （家牦牛死野牦牛疲）困苦折磨，体弱者垮了，体强者亦不能持。 |
| རྔ་མ་དཀར་ དཀར་གཡག་ གི་རྒྱན། ཁང་པ་ཁྲ་ ཁྲ་ལུང་བའི་རྒྱན། མེ་ཏོག་སེར་ ཆེན་སྤང་གི་ རྒྱན། | rnga ma dkar dkar g · yag gi rgyan/ khang pa khra khra lung pavi rgyan/ me tog ser chen spang gi rgyan | nga ma kar kar yag gi jan/ khang pa chra chra lung bavi jan/ me tog ser chen pang gi jan | ( White tail adorns the yak, colorful houses adorns the valley, golden flowers adorns the meadow. ) It means the beautiful scenery of home is unforgettable. | （白尾毛装点牦牛，杂色的房屋装点山村，金黄的花朵装点草原）形容家乡风光美好，令人难忘难舍。 |
| གནག་ཕྱུགས་ ལ་སྤུ་རྙོག lkugs pa la la rgyog | gnag phyugs la spu rnycg/ lkugs pa la las rgyog | nag chug la pu nyog/ kug pa la las nyog | ( Yak hair is hard to comb, stubborn person is hard to deal with. ) It means someone who is difficult to deal with and difficult to get along with. | （杂乱牦牛毛难清理，固执之人难对付）形容对方难以对付，不好相处。 |

### 参考文献：

[1] 敦煌出古藏文写卷 S.t.756; P.T.1071/1286/1287/1288，法国国家图书馆藏原件.

[2] H.A.Jaschke. A Tibetan-English Dictionary with special reference to the Prevailing Dialects. London: the Charge of the Secretary of State for India in Council. 1881.

[3]Sarat Chandra Das,Rai Bahadur,C.I.E.,A Tibetan-English Dictionary with Sanskrit Synonyms,Publish D by the Bengal Secretariat Book Depot,1902.

[4]Melvyn C. Goldstein with Ngawangthondup Narkyid,English-Tibetan Dictionary of Modern Tibetan,First edition: Published by the Library of Tibetan Works & Archives,1999,Berkeley 1984,Reprint by Dharamsala 1986,Dharamsala 1999.

[5] 西藏自治区测绘局编：《西藏自治区全图》，1981.

[6] 武振华主编：《西藏地名》，中国藏学出版社，1995.

[7] 娘吉合主编：《黄南地名历史文化释义》，甘肃民族出版社，2011.

[8] 西北民族学院藏文教研组编：《藏汉词典》，甘肃民族出版社，1979 年 10 月第 1 版，1996 年 5 月第 2 版，2014 年 8 月第 16 次印刷.

[9] 张怡荪主编：《藏汉大辞典》，民族出版社，1985 年 7 月第 1 版，2015 年 4 月第 16 次印刷。

[10] 高炳辰编译，多吉杰博校订：《常用藏族谚语词典》，甘肃民族出版社，1992.

[11] 西藏人民出版社、民族出版社等社协作编纂组：《汉藏对照词典》，民族出版社，1991 年 11 月第 1 版，2002 年 7 月第 2 版，2012 年 12 月第 10 次印刷.

[12] 慈诚罗珠主编：《汉藏英常用新词语词典》，四川民族出版社，2009 年 8 月第 1 版.

# Wylie ཡི་གཟུགས་འགྱུར་མ།

## Wylie Transcription

## 藏文威利转写方案：

| Tibetan | Wylie | Tibetan | Wylie | Tibetan | Wylie | Tibetan | Wylie |
|---|---|---|---|---|---|---|---|
| ཀ | ka | ཁ | kha | ག | ga | ང | nga |
| ཙ | ca | ཆ | cha | ཇ | ja | ཉ | nya |
| ཏ | ta | ཐ | tha | ད | da | ན | na |
| པ | pa | ཕ | pha | བ | ba | མ | ma |
| ཚ | tsa | ཚ | tsha | ཛ | dza | ཝ | wa |
| ཞ | zha | ཟ | za | འ | va | ཡ | ya |
| ར | ra | ལ | la | ཤ | sha | ས | sa |
| ཧ | ha | ཨ | a |  |  |  |  |
| ཨི | i | ཨུ | u | ཨེ | e | ཨོ | o |

# Tsk དང་Ats ཡི་བོད་སྐད་སློག་འབྲིའི་འཆར་འགོད་མ་ཟིན།

## Tsk & Ats' s Proposal of Tibetan Spelling（A Draft）

## Tsk & Ats 藏语拼写方案（草案）：

| | | | |
|---|---|---|---|
| k | kh | g | ng |
| j | cha | jh | ny |
| ta | th | d | n |
| p | ph | b［w］ | m |
| ts | tsh | dz | w |
| shh | z | v | y |
| r | sh | | s |
| h | a | | |
| i | u | e | o |
| j | | | |
| khy | | | |
| dr | | | |
| chr | | | |
| shr | | | |
| lh | | | |

基本原则：1. 藏语文基字自带元音"a" 2. 不发音部分不体现在拼写中，具体到特殊读音的方言时以括号说明 3. 保留特殊读音的地区，如藏语西部方言（巴尔蒂与拉达克等地）或东部嘉戎方言等，应具体考虑当地方言读音进行拼读，例如所有基字带有上加字ས的，译字皆带"s"音，如拼为sga（斯果）；拼为stag（斯达）拼为sman（斯曼）等。

**注释：**

本文除了采用国际上较为通用的藏文威利转写系统外，还采用了我们于 2018 年宗喀教授与阿错教授等设计的"Tsk & Ats 藏语拼写方案（草案）"，该方案是结合宗喀教授此前近 30 年对青藏高原地名研究与应用方面的积累和实践，经过与业内专家数次研讨后最终形成的以藏语当代通用标准语的实际发音为准，为适当兼顾安多、康以及藏语西部方言（巴尔蒂和拉达克方言）和东部嘉戎方言等形成的拼写方案，试图解决现有藏文拉丁转写方案存在的语音与字母实际发音不同步等问题。

**作者简介**

宗喀·漾正冈布，文学学士（1985）、历史学硕士（1988）、医学博士（1995）。历任中国科学院自然科学史研究所助理研究员（1995—2000）、印第安纳大学藏学与人类助（副）教授（1999—2003）和研究员（2003—）、兰州大学民族学与藏学教授（二级教授）、博导（2004—）及藏缅－阿尔泰研究所所长（2005—）、牛津大学访问教授（2014—2016）等。宗喀教授在藏学、世界宏观历史、历史语言学、文化遗产保护等领域进行了开拓性研究和卓越的田野调查工作。20 余年来在中、美、欧三地培养了近百名优秀博士和其他青年学者。

乔才绒曼，教育部人文社科重点研究基地兰州大学西北少数民族研究中心 2019 级博士研究生，师从宗喀教授从事藏区濒危民族文化遗产保护与发展研究。

赵书苑，教育部人文社科重点研究基地兰州大学西北少数民族研究中心 2016 级博士研究生，师从宗喀教授从事藏蒙医药研究。

# 附录二

## 辉煌历程

### ——玉树畜牧业发展碎片记忆

从 20 世纪 50 年代初到 90 年代末，玉树畜牧业稳发展、增效益，数量上突破了 500 万大关，管理上实行了四季轮牧，措施上落实了计划出栏，走过了一段引以为傲的辉煌历程。为了纪念这段发展史，特意将几张沉淀岁月、记录辉煌的报纸（所有报纸由玉树藏文化民俗博物馆收藏，馆长索昂生格先生协助提供）晒出来，希望勾起我们的回忆，燃起更多人心中的希望之火，让玉树的畜牧业重振雄风。

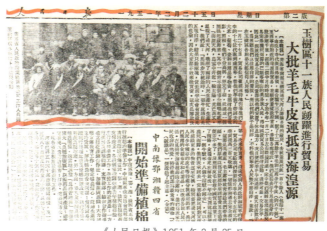

《人民日报》1951 年 2 月 25 日

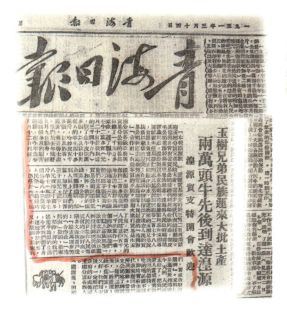

《青海日报》1952 年 4 月 1 日

《青海日报》1958 年 7 月 26 日

203

## 州人民委員會發出指示
## 要求各地做好家畜改良工作

州人民委員会最近发出指示，要求各地作好家畜改良工作。

指示说，家畜杂交改良，对发展牲畜数量、提高牲畜品质，增加生产队和社员收入，有十分重要的意义。指示要求各地以土种选育为主，有条件地区逐步进行外地引进良种公畜杂交改良，并且给各地分配了任务。

指示指出，家畜改良是一项细致复杂的科学技术工作，要求有改良任务的社、队加强领导，做好以下具体工作：1、做好宣传教育工作，使群众正懂得改良的意义：把任务和技术交给群众，以便完成全年任务。2、饲养管理好外地引进良种公畜，切实搞好吃、住、运动、管理四个方面，保证配种时公畜身体健壮、精力旺盛。3、切实安排好配种草场，翻造好特配母畜群，

修好试情圈和人工授精操作室，做好一切改良准备工作。4、培养人工授精员，提高技术水平。技术力量不足的，应用短期训练班和师傅带徒弟的办法，大力培养民间授精员。指示最后要求各地做好母畜发情鉴定，严格执行人工授精操作规程，正确掌握排卵期，适时输精，实行复配，以提高受胎率。

✧ ✧ ✧ ✧

《玉树州报》1961 年 8 月 12 日

学大寨精神 走大寨道路

## 治多县牧业生产蓬勃发展

扎朵公社党委和革委会认真改进领导作风

## 坚持在第一线抓革命促生产

《青海日报》1973 年 8 月 20 日

## 调整农牧关系 发展牧业生产

称多县认真分析和研究全县农牧业生产状况

**本报玉树讯** 中共称多县委和县革委会，从今年元月开始逐步调整农牧业的比例关系，为全县着重发展牧业生产迈出了第一步。

称多县具有发展畜牧业生产的优越条件。但是在"文化大革命"中，这种优越条件没有得到充分发挥，全县把主要力量用在农业上，片面强调"以粮为纲"，结果农业挤了牧业，致使两业都不景气。全县8个公社，其中纯牧业公社只有3个，其余5个公社虽说是半农半牧，其实牧业所占的比重很小，共有6万多头（只）牲畜，只占全县84万头（只）的7·3％。这5个公社虽有5万多亩耕地，但有一部分地根本不能保种保收。过去在这些地里浪费了不少人力和物力。而牧业公社畜多人少，劳力不足，牲畜得不到很好的管理和饲养，结果造成畜群质量下降。早在50年代中期，称多县共有牲畜70多万头（只），羊的体重一般都有50、60斤，80斤的也不少见。经过20多年后，全县虽然增加了10多万牲畜，但质量却大大下降。现在羊的重量一般只有30多斤，挑一个50斤以上的羊比较困难。称多县委和县革委会认真分析和研究了这些情况。认为要发挥本地优势，就必须从调整农牧业的比例开始，逐步为发展畜牧业生产开辟广阔的道路和前景。为此，他们采取了一些具体措施。首先，让5个半农半牧的公社弃耕了12,000多亩耕地，改种饲草饲料，国家不再计征；其次，提倡等价交换的条件下，牧业社队每年给农业社队供援一批牲畜，让农业社队逐步变为以牧为主的社队；第三，是根据称多现有草场和牲畜数量，草原载畜量基本平衡，今后发展畜牧业生产不再要求增加牲畜的数量，要在保持现有数量的基础上，努力提高牲畜质量。检查工作不再象过去一样只看总增、净增，而主要看牲畜的体质和膘情。第四，鼓励社员发展自留畜，养多少不作任何限制；第五，农业社队的山羊实行集体所有，分户包养，社员和集体各有所得，都很满意。居住偏僻或边远的社员则实行包产到户或统归群到户，生产责任过去搞得好。实行了这些措施后，今年称多县农牧业生产发展比较扎实。农业总产可超过去年的720万斤，畜群质量比往年有明显的提高，社员收入比去年有所增加。

*《青海日报》1980年10月11日*

青海省由麻莱县种畜场利用捕获的十二只小野牦牛进行驯化试验，已取得成效。

由麻莱县位于黄河源头地区，唐古拉山和昆仑山之间，平均海拔四千五百米。这里山重水复，经常有野牦牛出没。上图为由麻莱县种畜场藏族放牧员正在给小野牦牛喂奶喂盐。

## 驯化野牦牛

同是三个月龄的野牦牛（右，白唇）与家养牦牛（左）相比，具有生长快、体型硕大、耐高寒等特点。

新华社记者 王精业摄

（右栏）
……文物局直属单位的七十多人参加了读书班学习，其中大多数是博物馆、纪念馆的正、副馆长和业务骨干，少数是文物管理部门的领导干部。

这个读书班，以学习和讨论博物馆学讨论会著的《博物馆学概论》为主，采用自学、专题辅导和讨论研究相结合的方法，学习和研究我国博物馆的性质与任务、藏品……

……这种新扩散炉具有口径大（能加工处理直径七十五毫米的硅片）、全部程序控制、降温速度快、恒温区长（大于六百毫米）等特点，并可做恒定状、氧化、再扩散和合多种工艺。由于减低了人工操作的误差，大大提高了器件的质量和成品率，经济效果显著。

（贡树桃）

*《光明日报》1981年11月21日*

# 适应形势变化 搞活牧区市场
## ——称多县市场情况调查

（一）

（二）

（三）

                    本报通讯员采写组

《青海日报》1982 年 10 月 25 日

# 围绕战略重点 搞好牧区建设

十二大代表、中共玉树州委书记 朱清明（藏）

《青海日报》1982 年 11 月 29 日

## 曲麻莱县积极收购菜牛羊

### 称多县冷库已收购菜牛羊八百八十多吨

**曲麻莱讯** 每年平均上调牛羊肉数百万斤的玉树藏族自治州曲麻莱县，最近屠宰、拉运等各项工作已全面开始。

牲畜实行折价归户经营以后，菜畜的收购、屠宰、结算等工作由集中变为分散，工作量相应加大。为了适应这种新情况，曲麻莱县民贸公司在人力物力上妥善安排，从方便群众、提高经济效益入手，分设现场管理组，负责清点登记牲畜、屠宰存放，设胴体检验组，负责验收、过磅、开票、发货、结算、付款，设副产品收藏组，负责收管皮张、下水等。三个小组，各负其责，做好工作，杜绝漏洞。为方便群众，县公司还在屠宰场内，用铁丝围了三十多个栏圈，以利群众把菜畜赶入屠宰场后暂时分圈存畜、避免混群或走失，然后按照顺序排列，依次登记屠宰牲畜。这个公司还在青藏公路沿线的五道梁处，增设了一个屠宰点，使距离县城较远的曲麻河乡的二万八千多头只菜畜，可以就近宰杀拉运，大大减少了菜畜因长途赶运掉膘的情况，增加了牧民群众的收入。

（张庆彦）

**又讯** 玉树藏族自治州称多县冷库在今年菜畜收购工作中，加强管理，派人到基层串帐收购，到十月二十日止，已收购菜牛菜羊八百八十七点九吨。目前冷库还继续派人下乡，尽量把牧民愿意出售的菜牛羊收购上来。

（刘建成）

《青海日报》1984 年 11 月 19 日

青海日报
QINGHAI RIBAO
1984年
8月6日
农历甲子年
七月初十
星期一
第12029号

### 让牧民放开手脚致富
## 曲麻莱县实行集体牲畜折价归户经营

**曲麻莱讯** 中共曲麻莱县委、县人民政府，贯彻落实省委关于玉树、果洛工作座谈会纪要和玉树州委扩大会议精神，解放思想，大胆改革，冲破旧的经营管理模式，把全县八十六万五千多头（只）集体牲畜折价归户，实行私有私养。

牲畜折价归户、私有私养，有利于彻底克服吃"大锅饭"、"二锅饭"的弊端，进一步挖掘生产者的内在潜力，促进商品生产的发展。为使这一工作做得扎实稳妥，六月下旬，州县联合工作组深入到东风公社长江大队搞试点。他们在试点工作中，以今年中央一号文件为指针，进行了"两清（清理财产、清理账目）、一核（核定现有人口牲畜数）、一调整（在大稳定的前提下，对推行大包干责任制时没有求定牲畜的有关人员，这次按全队平均数调整牲畜，再按合理划分草场）"的工作。在坚持草原基本生产资料不变，把集体牲畜、牧业机具等折价归户，规定折价款在二十年内还清。实行牲畜折价归户、私有私养以后，牧民们每年除给国家上交少量畜产品和一些必要的提留外，所余畜产品均可自行销售，收入全部归己。

在试点经验的基础上，县委、县人民政府于七月中旬，又抽调一批党政领导干部，分赴全县六个公社，全面推行牲畜折价归户办法。目前，有关牲畜折价归户的各项工作已在全县铺开，牧民群众高兴地说："这下我们可以更放开手脚奔富路了！"

（庆彦）

《青海日报》1984 年 8 月 6 日

《青海日报》1990年7月27日

《青海日报》1990年9月26日

### 收藏者简介

索昂生格，生于1973年，称多县拉布乡人，中共党员，1994年毕业于玉树藏族自治州民族师范学校。现任玉树藏族自治州收藏协会会长、玉树藏文化民俗博物馆馆长、玉树藏族自治州民间体育竞技协会秘书长。

玉树藏文化民俗博物馆建成于2014年，是全面收藏、保护、展示及研究玉树藏文化的综合性免费开放的博物馆。2013年6月18日玉树藏族自治州文物局批准设立玉树藏文化民俗博物馆，2014年6月26日，青海省文物局批准设立玉树藏文化民俗博物馆，并正式对外开放。建筑面积达768平方米，是州政府扶持藏文化工程项目。本馆藏品是馆长索昂生格二十几年来收集的上万件藏品，受青海省文物局委托，青海省文物鉴定委员会对本馆的藏品鉴定了598件（套），经鉴定，一级文物有6件（套），二级文物有62件（套），三级文物有220件（套）。其余藏品待鉴中。

# 后　记

　　《至尊至宝——玉树州牦牛文化产业高峰论坛文集》是玉树藏族自治州每届优良种公牛评比暨牦牛文化产业高峰论坛的成果之一，旨在弘扬游牧文化、宣传牦牛品牌、兴旺牦牛产业。

　　本书的编纂工作得到了青海省作协主席梅卓的大力支持和帮助，她在本书提出设想、总体思路、设计方案、专家约稿、审定文稿和出版发行等各个环节亲力亲为、加班加点，付出了大量艰辛的劳动。对此，表示衷心的感谢。

　　由于时间紧、任务重，加之经验不足、水平所限，书中难免会有不尽如人意之处，竭诚希望广大读者提出宝贵意见，以便在今后编纂工作中加以改进和完善。

编　者

2020 年 10 月